Change & Transform

想改變世界・先改變自己

Change & Transform

想 改 變 世 界 · 先 改 變 自 己

這一生為何而來

幫你找到「你的靈魂」
原本安排的生命計畫，
和你的宇宙專屬力量接軌。

The Instruction :
Living the Life Your Soul Intended

靈界導師的10門課

榮登各大暢銷榜
暢銷慶祝版
人氣部落格大力推薦

歐普拉靈魂系列靈性導師
安士利．麥克勞 Ainslie MacLeod 著
黃貝玲 譯

【推薦序二】

冥視裡的呵護

◎余德慧

我近年來一直在探索「冥視空間」，這是指人的意識邊緣有一種恍惚、模糊的狀態，但有種真實感。我還沒能抵達「靈魂」這個肯定論述，所以，我是用我的冥視空間的觀點來讀這本書。

就我所知，冥視的發展來自我們的虛擬能力，但虛擬並不代表虛假不實，相反地，許多人的生命是依賴「虛擬的真實」才活得下來。虛擬不是想像，而是當人耗盡他的現實，也無法解除一生的桎梏，抹除他生命的苦難，虛擬的真實卻可以幫他取得看不見的補助線，反過來解決他在現實裡的束縛。

我研究一些宗教靈修者或台灣乩童，他們與他們的虛擬真實活得相當和諧，使我相信把自己虛擬到宇宙中心，讓眾靈照顧的生活氛圍，並非是自我感覺良好的迷信，而是上蒼賜給人類的深度力量。

做為宗教研究者，我一直警惕自己，不要被學術理性所縛，但我也不喜歡粗糙的靈魂論述，如果我們內心的虔誠、心胸的慈悲能使我們在冥視空間感受天使，那麼我們可以得到祝福。

記得讀文學名家哈羅·卜倫在她得憂鬱症時，發現了靈知傳統，也發現她的憂鬱根源，她的一句話，至今我還記得很清楚：「天使永不消失」，她的意思是，只要人類望盡現實，抬眼現實之外，一定會出現人的心思裡的天使。

（本文作者為前慈濟大學宗教與文化研究所教授）

【推薦序二】

渴望是神祕的核心

◎李乃信

幾年前，完成翻譯《熱的簡史》，在臺灣的出版，機緣就是因為玟琪（李茲文化總編輯）來的，因此，便有機會和她聊起這本書。當時，孫子已經一歲多，親家母和我的內人，總說覺得他是個「老的靈魂」。不久，我那個常去參禪打坐的洋媳婦，恰好研讀了這本很多人在討論的「心靈指南」，並對全家人，從阿嬤、阿公、小姑到寶寶，著實照著書分類、點評了一番，教我們初識此書。

在我看來，《這一生為何而來》是一本探討靈魂的「入門書」，架構異常清楚，可以讓「很理性的人」也看得懂。看來很理性的，就是相當「入世」的，也就是可以用得上的。（想當年，釋迦摩尼總是在「說理」，講得通，才做得到，從沒要人家來「拜」他。）本書說的靈魂年齡，無關乎「時間上」的年齡，你不妨想想自己是在那一級？信任你的直覺吧！這些「級別」本無高下，靈魂各「類型」也無優劣，「使命」也無大小，「天賦」就跟孩子的天賦一樣繽紛多樣。即使是孿生手足也沒有一模一樣的，重要的是，父母因此該有所領悟，「自己的天賦不必然會是孩子的天賦」。書中也談到來自前世的各種「害怕」，其實就是我們或多或少曾體驗過的「莫名的」害怕！也能明白指出面對的辦法，平平實實的。

作者的指導靈一針見血指出：「有人相信，開悟必須花好幾年的時間才能完成。然而，如果這是在你臨終之時完成的，對你有什麼用呢？」答案是：「開悟完成的時間是由你決定的。」、「開悟之鑰就是你想要擁有它的『渴望』。」

你差不多「隨時」都可以實現的，用不著花上大半生或者好幾年。

就回到你真正的「渴望」吧！

十三世紀的回教詩人莫拉維．賈拉魯丁．魯米的詩說得好：

渴望是神祕的核心，渴望本身就可以療癒。
忍受痛苦，是唯一的法則，
你必須訓練你的願望。
如果你想要什麼；
那就先奉獻什麼。

「說穿了，開悟就是知道你是誰、你為何而來，以及以愛待人，如此而已。」

「你來到這裡，是為了遵循你的靈魂在你出生之前幫你規劃好的生命計畫。」（「命中注定」的嗎？）

答案「是」，也「不是」。

這一切，難道不是這樣的嗎？你為你自己打造的人生如何？這一生裡，你扮演過多少角色、帶過多少面具？有哪些「真的」是你要的？

「能量」本來就在那裡，不會「無中生有」（不生），也不會「從有化無」（不滅），物理的「能量」都一直在「變形」，聲、光、化、電、運動、熱，諸「相」裡穿插打轉，當然，還可以凝聚成「質量」（物）的，更何況是我們自己的「能量」？演變在無數的紅塵戲臺裡，自然會有個你的角色和身分。不過，「我」可不想生生世世老演相同的戲碼。

這樣的「理解」（了悟），其實就是「我」在這一世的「抉擇」，不是嗎？

那麼，「是」，或「不是」，這就是問題的所在。（莎士比亞）

你如今「決定」演那一齣戲？

本書或可引你「通」了，免於「無明」（不明白）。

（本文作者為前美商應材大中國區總裁）

目錄

第三章　接受之門

【感謝】

寫這本書之前，我詢問過幾位「問事者」，看他們是否願意出現在我的書裡面。我不斷聽到的回答是：「這是我的榮幸」。聽到這話，我真的只能說：「這也是我的榮幸」。我覺得非常幸運，能成為許多人人生旅程的一部分，也謝謝你們與我分享你們極私密、動人的故事。

我得特別感謝我的心靈伴侶麗莎，以及我的家人與朋友，感謝他們給我一切的愛與支持。

我要謝謝我的經紀人艾瑞克．梅爾斯 (Eric Myers) 專業的指引，謝謝我的編輯凱莉．諾塔拉斯 (Kelly Notaras) 熱心地提供寶貴的意見。我還要感謝聽見真理公司 (Sounds True Inc.) 裡的每個人，感謝他們投入極大的努力。

我何其幸運，過去幾年來認識許多靈媒友人給我不少協助，尤其是貝提娜．盧森 (Bettina Luxon) 與大衛．華頓 (David Walton)。

獻給我的指導靈：沒有你們，這本書將無法順利完成。我從心靈深處感激你們給予我的智慧、鼓勵與耐心。

引言：抵抗靈媒天命

大多數的人渾渾噩噩過了一輩子，像是沒有羅盤的船隻一樣，壓根兒不知道自己該何去何從。

不時，當我們擱淺、遇挫時，都會以為走到了人生的盡頭。

每個人都在找尋幸福。然而，有些追求並非我們所能掌控，經常在你以為找到的時候，轉瞬又無影無蹤，或稍後才領悟到自己根本從未真正擁有過。對一些人而言，幸福不停地變成失望；對其他人來說，幸福則總是距離自己一步之遙。

我們投入多年的時間接受教育，期待有朝一日能展開夢想中的生涯，最後卻發現自己困在一分極厭惡的工作上。我們花費許多的時間尋覓真愛，最後卻發現自己竟然在一段連五分鐘都嫌長的關係中糾纏了五年之久。問題在於，多數人都不知道自己要追求什麼。我們不斷從一處航向另一處，滿心期待自己可以憑藉好運，而不用按照計畫去尋找渴望的目標。

除了這樣漫無計畫地度日之外，你其實還有其他選擇。《這一生為何而來》對於如何了解你是誰、你為何來到此生做了一番詳解，好幫你創造一個更快樂、更有目的的人生。

但要如何做呢？

就如同地球上其他任何人一樣，你擁有一個靈魂。靈魂希望你能依循他在你出世前，便已經為你設定好的生命計畫。生命計畫是你的靈魂用以幫助你體驗「肉身層」(Physical Plane) 的安排，肉身層是你的身體與意識 (conscious mind) 暫棲的三維空間。**你的生命計畫清楚界定了各項要素，包括完整的人格、要完成的目標、要克服的挑戰、要遇到的人、要面對的恐懼及要學習的課程等**。儘管這些都是預先安排好的，你仍然保有自由意志。

為了了解你是誰、以及你為何來此，你得先檢視自己的生命計畫，本書正是要來告訴你該如何做。本書將引領你閱歷生命計畫裡的十項元素（靈魂年齡、靈魂類型、使命、恐懼、渴望、挑戰、探究、天賦、力量、應走的路），並告訴你如何才能活出你的靈魂想過的人生。

活出你的靈魂想過的人生有何重要呢？答案是，**一旦了解靈魂的用心，你將不會再漫無目的地度過一生**。你會因為知道自己身在何處、目的地在哪兒、以及到達目的地之後要做什麼，而明白該朝哪個方向駛去，不會再讓自己像一艘沒有舵的船。

為了找出你的靈魂想要什麼，我將帶領你走一趟「靈魂世界」，在那裡，人生一切難以理解的奧祕都能獲得解答。在我們逐一走過十二道門時，我將會給予讀者對應的「心靈指南」，那是一套由高層界指導靈(spirit guides)傳授給我的獨特系統，目的是要幫助你更加了解自己，讓你在地球上的人生經驗更豐富、更有意義。

旅程完成之後，你會發現你是誰、以及你身在此地的理由。你會知道如何克服人生中的諸多挑戰，也會知道該如何利用你的所學，讓自己活出你的靈魂想要你過的人生。

在進入主題之前，你或許想先認識我，並了解我為何而來。

滄海沉浮

九〇年代中期，我帶著滿腹的心酸與困惑抵達美國加州。在我身後縈繞不去的，是長達二十年痛苦與失望的往事。而放眼望去，所能見到的似乎也不會有太大轉機。

就在那時，我突然有了一個頓悟：一個改變了我一生的事件。

十年前，我是一名卡通插畫家，生活、工作都在倫敦市中心。某次，在前往英格蘭南岸的布萊頓(Brighton)時，遇到一位天賦異稟的靈媒大衛．華頓。在燈光昏暗的商店地下室裡，我坐在他的對面，聽他轉述另一個空間的指導靈所傳遞的訊息。他說的每一件事都精準得令我驚訝，最後他說了一件我無法想像會發生在我身上的事。

他說：「你終將會定居於加州。」

我告訴他，我不太可能這麼做。他傾身向前，嚴肅地搖搖頭說：「你沒辦法改變命運，絕對沒辦法。」

十年後，我發現自己棲身於一間巷弄裡的小工作室，籠罩在舊金山地標費爾蒙特飯店 (Fairmont Hotel) 氣勢恢宏的陰影之下。房間裡安靜得嚇人，靜到我幾乎可以聽到自己的心跳聲。

當時，壓力已經把我逼到幾近無法思考的地步。我癱坐在沙發上，躊躇著自己下一步該怎麼走。我已經好幾年沒有靜坐冥想了，但現在似乎是重拾這個習慣的好時機。我閉上眼睛，做了幾次深呼吸。

這時，大衛．華頓的話突然迴盪在我耳邊，就像第一次聽到時那樣清晰：「你終將定居於加州。你沒辦法改變命運，絕對沒辦法。」

我從冥想中驚醒，茫然地環顧四周，一時之間以為自己不是單獨一個人在那。過了幾分鐘，我冷靜下來，設法讓自己回復理智。突然意識到，自己這些年來過的正是那位靈媒所預言的生活。

我成長於蘇格蘭東北部的港都亞伯丁 (Aberdeen)。儘管我有不少通靈經驗，在經歷時卻往往渾然不覺，總是等到讀了報上的新聞後，才意識到一星期前我就已預見那些事了。時常，在預設當鬧鐘的收音機響起之前，我已經知道節目將要播放些什麼了。

我對人的第一印象通常是準確的，但我總是忽略自己的直覺，從最光明的一面去看待每一個人（我最愛的姨媽總是這麼對我說：「你對這世界簡直太好了（這世界配不上你）。」）在別人把話說出口之前，我通常已經知道他要說什麼了。我得學會咬緊嘴巴，好等別人提出問題之後，再予以回答。

十六歲那年，有一次我在閱覽室裡看書，一位三〇年代裝扮的男士走過來，不顧周圍的禁菸標誌，向我借火點菸。他不斷左顧右盼打量四周，好像是有人在尾隨跟蹤，因此我很難看清楚他的面貌。我摸索著口袋找火柴，等到抬起頭時，他已經不見人影了。

我問坐在一旁的女士，有沒有看到那個男人往哪兒去了，她卻不懂我在說什麼。多年後，我才明白當時看到的是個幽靈。他接近我，是因為知道我看得見他。

儘管發生過這些事，我從未想過自己有靈通。我並不特別喜歡這些通靈經驗，它們只會讓我覺得困惑、不安。事實上，由於能預見這麼多事情，我還曾經認為自己是不是在某種程度助長了這些事情的發生（如果我前一小時心裡沒有想著汽車爆胎，或許這件事就根本不會發生）。

由於對自己的直覺缺乏了解，加上刻意忽略它，一旦需要做出明智的抉擇時，我經常會耍笨。事實上，情況比這更糟。也許我的直覺告訴我應該這樣做，而我偏偏選擇了相反的作法。

大約在我離鄉背井成為藝術系學生的那段時間，遇到一位女孩，後來成了我的第一任妻子。我不清楚自己在她眼中是怎樣的一個人，但她在我看來是一位漂亮、穿著講究且相當聰明的女孩。當時的我衣服上有斑斑點點的油彩、有點破舊，頭髮長及腰際，身上還帶有溫莎牛頓（Winsor and Newton）油彩的味道。儘管如此，正所謂「異性相吸」，這些相異處反而十分具有吸引力。

我和這名女孩結了婚（違背了自己的判斷）。婚後，兩人的關係急速惡化。我完全無法理解，為什麼她對我的愛意全變成了敵意。在接下來的三年裡，我得面對她一連串的猛烈攻擊，輕蔑的言語、批評、揶揄與羞辱。

等到我們分手後，我已經變成一個焦慮不安、再也找不回自信的人。

就像許多敏感的人一樣，在我的成長過程中，不斷有人告訴我：「你太敏感了。」離婚之後，我完全同意這一點。我歸咎是這個「缺陷」害自己走到這步田地。為了保護自己不再重蹈覆轍，不再受到相同的傷害，我決定改頭換面。用一個言詞冷峻、憤世嫉俗的新我，取代掉溫和、帶點理想主義的舊我。

我沉浸於喧鬧、嘈雜的環境中，試圖阻絕一切感覺。我流連於搖滾樂團與派對，一場又一場、一晚接一晚。我還買了一輛敞篷跑車、開始穿起黑色皮外套，努力讓自己看起來更有男子氣概。

我希望藉由否定自己，讓自己與感覺和情緒絕緣。然而這麼做，我不僅與靈界、也與有靈通的那個我斷了接觸。

從那時候起，我得完全靠自己了。就像電影《脫線先生》(*Mr. Magoo*) 裡穿著皮衣的主人翁，我跌跌撞撞地走過爾後的幾十年，走錯每一步路、下錯每一個決定。

我開始和許多女人約會，盼著能從中找到我的「真命天女」。其中包括一個罹患精神分裂症的、一個有毒癮的、兩個酗酒的、一個性虐待狂、兩個想砍死自己的，還有一個想殺死我的。

大家對我這種自我毀滅的行徑提出警告，但我不聽。用一首老歌來形容，我已經跌到谷底，一切在我看來都只可能更好、不可能更差。

「真命天女」始終沒有遇見，但不論走到哪兒，都會遇到一些靈媒。在倫敦某個擁擠的酒吧裡，有位女士悄悄走到我身邊，自我介紹說她也是一位靈媒，並告訴我應該讓自己通靈的天賦成為一項專業。我？成為專業靈媒？我當下認為她瘋了。

雖然當時對此嗤之以鼻，但我覺得當個靈媒還是有不錯的一面。在那段時間，我開始定期造訪一位有超感應力的人，她叫作貝提娜．盧森。每當我坐在她位於倫敦北邊一間擁擠公寓裡的餐桌旁時，她總會說我是一名靈媒，而我也總會開玩笑地說：「如果我是靈媒，我就不會坐在這兒了。」

不過貝提娜堅持她的看法。在她的鼓勵下，我開始練習把撲克牌面朝下分成紅與黑兩組的這類技法，結果相當令人振奮。我甚至成功地看透幾個人的命運。

就在我試著精進自己的技法時，我的人生再度失控。

雖然大衛及貝提娜都有提出警告，我還是和一名有反社會人格的女子牽扯在一起（當他倆告訴我，這名女子沒有是非觀念，不值得信任時，我還像個英雄似地替她辯護）。第一次約會時，她喝得爛醉如泥，用力踢我的下體，讓我差點昏厥過去。多數人會將這種行徑視為一種警訊，但我沒有。由於極度缺乏自信、加上不堪的過去，我不覺得自己配得上更好的女人。

如果我聽從自己的直覺，就不會讓她出現在我方圓十五公尺的範圍內。一如往昔，我不信任自己的判斷，或更準確地說，自己的直覺。我或許曾經一度擁有超強的直覺，但隨著生活陷入另一串漫長的言語辱罵及暴力威脅，再度消失無蹤。

我資助她開創事業，但在荒唐地過了四年之後，她把整個事業都毀了（她曾試圖用相似的公司名號在其他地方重起爐灶，好把積欠我的錢一筆勾銷）。我失去了一切：事業、存款、我的家及所有的財產。

所以，當我遇到後來成為我第二任妻子的一名紐約女子時，倫敦再也沒什麼值得留戀的了。我選擇移民到美國，就像在我之前世世代代的那些蘇格蘭人一樣。

這是我在人生中第一次感覺到幸福。她溫柔深情、支持我，人又很風趣。我常開玩笑說，「怪咖」這個詞正是為了形容她才發明的。可惜，她也有嚴重的酗酒問題。

在結婚典禮當天，我的新娘就和一名計程車司機大吵一架，甚至要把對方拖出車外。這是另一個警訊。但讓愛情沖昏頭的我，很快就說服自己事情只會愈來愈好。

事情當然沒有轉好。我們在一起五年，一開始對這段婚姻抱持著憧憬，但隨著日子過去，痛苦慢慢超越了甜蜜，溫柔親密的時分逐漸淹沒在她酗酒後的盛怒與昏厥之中。我的第六感能力曾再次短暫浮現，但因為喧鬧與混亂過度，很快又退縮回去。

最後，情況惡化到我得打電話給人在倫敦的貝提娜。在我準備告訴她事情經過之前，她便說：「現在就離開，趁你還沒受傷之前！」這次，我沒再輕忽她的話。

一個星期後，我人就在加州了。

是何靈者賜我靈通異能？

抵達舊金山第一個晚上的頓悟，鼓舞我開始去探索另外一個世界。我想知道靈媒所做的事是怎麼一回事。他們如何能說出別人的未來？他們從何得知訊息？

我讀了幾本在亞特蘭大遇到的一位靈媒所推薦的書籍，想從中得到答案。有些書廢話連篇，有些卻令人眼睛為之一亮。我每天讀上一本，一讀就是好幾個月。

那段期間，我在凡尼斯大道上的金考 (Kinko's) 影印店裡的一角，臨時租用了一個辦公室，勤奮工作，幫美國零食大廠佛樂多萊氏 (Frito-Lay) 畫起司豹插畫。完成這項工作後，我決定休息一陣子，收拾了背包，前往了夏威夷。

靈媒們總是告訴我，我已故的約翰叔叔是我的指導靈之一。我在考艾島 (Kauai) 遇到的催眠靈媒大師凱塞琳．路哈里 (Kathleen Loughery) 也是這麼說。在會晤接近尾聲時，她說：「你叔叔在這兒，他已經準備好和你一起工作了。」

我離開凱塞琳那兒，迎向耀眼的陽光，感覺自己有點處於異境狀態 (altered state)。[1] 我小心翼翼地把車開到博得書店，就在我站在書架前面時，突然瞥見右手邊有一張臉。我整個呆掉了，那是約翰叔叔，模樣就跟二十年前沒兩樣。儘管頂多只持續了一、兩秒的時間，他的輪廓還是那麼清晰和立體。與此同時，我感應到了一個訊息：「讓我們開始吧。」

---

1 或稱「轉換狀態」，即意識上感受到的靈異狀態、或異世界的接觸感應。

於是，我開始了靈媒的生涯。

我搬到舊金山金門大橋北邊索薩利多 (Sausalito) 一個平靜的船屋裡，在那裡，我逐漸重拾自己的自信，以及那個舊我。

接下來我花了兩年的時間，學習與約翰叔叔口中所描述的靈魂世界溝通。約翰叔叔目前處於「靈魂層」，祂引介我認識更高層界「因果層」裡的一些指導靈。靈魂層是讓那些準備再次投胎至肉身層的靈魂短暫逗留的地方；因果層則是那些已經完成轉世輪迴，終於修成正果，成為有資格指導其他靈魂的指導靈居住之所。

三個層界

貫穿本書，我將探討靈魂存在的三個層界，這三個層界依序是：

- **肉身層** (Physical Plane)

是最底層、也是最堅實的層界，即我們目前所居住的這個三維空間。

- **靈魂層** (Astral Plane)

靈魂層是最接近肉身層的非實體世界，是我們死後會去的地方，也是指導靈落腳之處。

- **因果層** (Causal Plane)

完成肉身層的輪迴轉世之後，我們會經過靈魂層進入因果層，成為修成正果、有資格指導其他靈魂的高層界指導靈。

因果層的指導靈可以讀取我們生命計畫的各個細節，祂們知道我們的一切：我們害怕什麼、期望什麼，我們的成就與沮喪，更重要的，我們來此是要完成些什麼。

我覺得接觸因果層比靈魂層難上許多，但收穫卻是豐富得難以言喻。我不僅能知道他人的一切，還有機會看清自己的人生哪些地方做錯了。

我發現，**一切問題的源頭都出在我不能接受自己、以及我此生的目的**。以選擇伴侶這件事來說，我一再找上的總是那些我希望她們能將我改造成另一個我的女人，而不是選擇一位能欣賞我溫和個性的另一半。也難怪總是以失敗收場。

當我逐漸學會做自己時，人生有了轉變。我開始做出比較明智的抉擇，純粹是因為我了解自己，也了解什麼對我最好。探索自己的生命計畫時，我發現最重要的事情之一就是，我漸漸地接受指引而成了一位專業的靈媒。

但是，為什麼是我？為什麼選擇由我來做這件事呢？答案是，我本身曾經迷失在茫茫的人生中，我知道那是怎麼一回事。我的因果層指導靈認為，我的個人體驗、再加上天賦，使我有絕對的資格幫助其他人回到人生的正軌上。

然而，自我接納依然是一個持續困擾我的問題。就在我覺得自己終於準備好接受命運的安排時，卻還是有件事讓我怯步：我對於當靈媒感到難為情！

最後我克服內心的抗拒，接受了自己的天職。但是，每次看到自己的名字出現在報章雜誌上：「安士利．麥克勞，靈媒」，心裡總還是會畏縮一下。我納悶，為什麼我在這世上的角色不能是「吉姆．史密斯，水電工」？

如果你覺得和另一個世界裡那些看不到的靈魂對話很不可思議，我也跟你一樣。對於自己最後選擇從事這項工作，我依然覺得不自在。但我必須承認，能有這種難得的機會，我深深感到榮幸。這個工作魅力無窮，我的學習曲線一直呈現四十五度角往上攀升。

我的骨子裡仍存在一個懷疑論者，記得過去在閱讀這類書籍時總會納悶：「是哪位靈者賜給這個人靈通異能的？」以我為例，答案是：我的指導靈。我充其量只是一個信差。我不是心理學家、治療師、大師、或任何其他了不起的身分，我只是一個靈媒，一個認真研究靈魂的偵察者。

這本書不會談論任何哲學、宗教的議題，**單純只是對因果層指導靈提供給我的資訊予以「翻譯」**，並佐以一些案例做說明。

你或許會問，為什麼你該相信我的指導靈所說的一切？答案是：印證。讓我告訴你一個例子吧。

幾年前，一位年輕的女子前來找我，問了一些很尋常的人生問題。我的指導靈說了些關於她的事，但多半無法立即證實，除了這一件：她懷孕了。這令她相當驚訝，她當下只是笑，搖搖頭。但不到一星期，她就發現他們所言屬實。

他們之所以告訴她懷孕這件事，無非是希望她能接受他們所提供的一切資訊。不過，當然不是每個人都能獲得這種立即就能驗證的資訊。

當我告訴你們整個宇宙裡有數十億個靈魂、或說五萬五千年前地球上才開始有靈魂，我無法證實任何一件事，我只是如實引述我的指導靈所說的。

指導靈會要求你拋開疑慮、直接接受他們告訴你的一切嗎？當然不。**他們希望你質疑每件事，並不斷問自己這些資訊正不正確。運用你的直覺，由你自己印證。**

當我同意奉獻下半生成為一位靈媒，並探索靈魂時，我也同時獲得了靈魂世界之鑰。這讓我可以得知任何大小事，從為什麼我們會有闌尾到為什麼我們會加入戰爭。但最重要的是，它幫助我得以了解每個人今生所為何來。

如果你也像我一樣，渴望了解、認識自己存在的目的，那麼，請容許我在這趟充滿驚奇的探索之旅上給予指引。

我們將會探究你是誰、以及你為何來此的奧祕，並解開活出你的靈魂想過的人生的祕密。

心靈指南

這套心靈指南是為那些對它持開放態度的人而設計，目的是要幫助他們了解靈界 (Spiritual Universe) 如何運作，並幫助在肉身層的人們活出更貼近他們的靈魂想過的人生。

——作者的因果層指導靈

某一夜，我的指導靈結束靈修課程時，叫我休息五天。在這段期間，我完全無法跟祂們取得聯繫。

五天後祂們回來了。這次，祂們操著英國腔，而不是美國腔。祂們告訴我有一套祂們稱為「心靈指南」的系統，而我將成為開示的指導老師。

我花了三個多星期的時間了解整個大綱，並在接下來幾個月的靈修課堂裡，由我的指導靈逐一向我解說其中的諸多細節。

描述心靈指南的各項要素時，我會盡可能舉例、而不是單純用敘述的方式來說明。為此，我會適時引用問事者的真實案例，但是在隱私的考量下，會更改人名，以及部分可能洩露身分的細節。

這套心靈指南會以最簡單的方法來表述複雜的資訊，不必懂靈修也能理解。但是，我會不斷提到幾個名詞，先認識它們有助於加速理解：

幻象 (illusion)

幻象是肉身層與靈魂世界之間的障礙。它不僅妨礙對人生的徹悟，也讓我們無法看清所有人類其實是息息相關的。我們每個人都容易受幻象所苦。

幻象遇到內省能量就會破滅，某些靈魂比其他人更有能力克服幻象的影響就是這個原因。

心靈指南是任何想打破幻象、達到徹悟的人可以運用的方法。祕訣即在於，你得願意試試。

機會 (advantage) **與危險** (risk)

心靈指南的每一項要素都有其機會與危險。機會是指遵循你的靈魂指導之後所能實現的成果；危險基本上則是指缺乏之時的後果。我們可以利用機會來扭轉存在已久的危險，幫助一個人活出他的靈魂想過的人生。

靈魂世界 (soul world)

這本書從頭到尾將不斷出現「靈魂世界」一詞，這是我的指導靈描述的用詞，指的是那個靈界中，你的靈魂及你的指導靈存在的地方。

政治 (politics) 與靈魂

要談論靈魂很難不去探討政治及社會理念。你將會發現，沒什麼比靈魂更有能力影響一個人的信念了。

無法逃避的事實是，較年輕的靈魂往往比較保守，而較年長的靈魂反而比較激進。我要嚴正聲明，討論政治與靈魂時，我並沒有預設立場。在依我的理解說明靈魂如何影響我們時，我會盡可能秉持不偏頗的態度。

開悟 (enlightenment)

這套心靈指南的最終目的就是人生的開悟。

到底什麼是開悟？嗯，根據我的指導靈所下的定義，如果你能彰顯你的靈魂年齡與類型，接受你的靈魂為你今世所設定的目標與學習課題，克服你人生路途上的障礙與困惑，無懼地表露心中的愛，你便算是通達且開悟了。

簡單地說，**開悟源自你的靈魂想過的人生，而心靈指南即為開啓之鑰**。

簡單的冥想技巧

某位東方的偉大哲學家曾說過：「聞之不若見之，見之不若知之，知之不若行之；學至于行之而止矣。」這正是為什麼這套心靈指南需要你一起參與的原因。

當你經過本書所提的每一道門時，我們鼓勵你回答幾個問題，並做幾項簡單的練習。比起單純閱讀本書，這樣能有助於吸收更多書裡的知識。做這些練習之前，你得先學會如何冥想，並召請你的指導靈。

曾經有一位達賴喇嘛的學生問他：「什麼是最好的冥想方法？」他回答：「適合你的方法就是最好的方法。」

不過，我們建議讀者避免唸經、播放音樂、或牽引式冥想。**我們的目的是要你心靜如止水，以便讓你的指導靈可以接近你、和你一起合作**。

以下是我的指導靈建議的簡單方法，祂們稱之為「敞開心門」(Open Heart) 冥想。利用這個方法，你可以把自己開放給你的指導靈，接受祂們的協助。

一、在一張舒適的椅子上坐直身體，雙手合為杯形放在腿上。閉上眼睛，做幾次深呼吸。唸出以下字句，召請你的指導靈：「我在此召請我的指導靈，以我的最高利益為主，加入我的冥想。」

二、請求你的指導靈賜予你平靜、明澈。

三、一旦感覺到祂們的存在（當你覺得平靜、明澈時），請你的指導靈回答你幾個明確的問題，例如：「請協助我找出我的靈魂類型。」

四、接著，請你的指導靈幫助你完成接下來的練習。

五、完成之後，謝謝你的指導靈，並告訴祂們：「問事結束。」（這麼做的理由，是讓你自己不會還沒離開異境狀態，便回到實體世界了）。

我在此先針對幾項人們常有的疑問稍做解釋。首先，**你的指導靈是透過你平靜、明澈的心與你溝通，而不是透過言語**。如果你無法在二十分鐘（如果你已經讓自己放鬆了，便不應該花比這更長的時間）之內讓心達到某種程度的明澈，先暫停，稍後再繼續嘗試。

你如何得知自己是否成功處於冥想狀態了？你應該能感覺到指導靈就在你身旁。指導靈是不可捉摸的，但是隨著心漸趨平靜、明澈，**你會逐漸感覺到自己並不是獨自一人**。

每個人、不管是誰，都會有願意協助他的指導靈，你也不例外。你的指導靈會主動積極幫助你，你只需提出請求即可。把祂們視為非常、非常關心你的朋友。

如果你身處在擁擠的人潮中，例如火車上、辦公室裡，別召請你的指導靈從事任何練習。當你獨處時，才能獲得最好的成效。

最後一個忠告來自我的指導靈：「無論在什麼情況，憑直覺、別管頭腦怎麼想。」祂們的意思是，你從祂們身上獲得的那種明澈是出自一種直覺，而不是出自冗長的分析結果。

靈魂世界之旅的第一站，我們將造訪一個能讓我們真正了解自我的地方。了解你人生的目的之後，你才能清楚自己的方向，並自信地走向你的靈魂為你規劃的未來。

【第一部】

方向

第一章

意識之門

探討靈魂的存在

整個宇宙到處都是靈魂，數量之大，實在無法一言以蔽之。
無論他們身處何處，所有的靈魂都有相同的目的，那就是「進化」。

——作者的因果層指導靈

宇宙之大，遠超出我們任何人所能想像。乍看之下，這個宇宙彷彿是虛無縹緲的，但事實上完全不是如此。

宇宙處處充滿驚奇。它不只是一群相互碰撞的銀河、雲霧狀的星雲、崩塌毀滅中的白矮星及威力驚人的黑洞。整個宇宙充滿了生命：活生生的物種及偉大的文明、渾沌與危機、吵雜與紊亂、掙扎與激情。

「意識之門」引領我們覺察宇宙是一個充滿無限可能的地方，我們在這裡、在這個肉身層所看到的一切，不過是整個宇宙非常小的一小部分。

最近有一名澳洲科學家估測，整個宇宙中存在七億兆億顆星星，而且實際的數量可能還要多更多。這麼想像吧：把地球上所有沙灘及沙漠的沙加起來，每一顆沙代表十顆星星的話，天上的星星就是這麼多（下次當你站在沙灘上時，好好地想想這個景況吧）。

科學觀點

如果你搭乘太空船以光速離開地球，幾秒便能抵達月球。再經過約八分鐘，你會咻地飛過九千三百萬英里遠的太陽。如果你吃完早餐便出發的話，你可以輕鬆地在吃晚餐的時間抵達太陽系最外緣的冥王星(Pluto)。

想想，飛越整座銀河(Milky Way)需要多久的時間呢？再多幾個小時？一天或兩天？一星期？一個月？幾年？不，橫越銀河系將會花去你十萬年那麼久的時間，別忘了，這還是以光速在前進呢。

如果你想看看已知宇宙的邊緣是怎麼一回事，你得再花上數十億年的時間在星際間航行。

宇宙浩瀚無垠。一旦你開始體會到它的無限廣大，「其他生物也和我們一起分享著這個宇宙」這個觀念便沒有那麼難以接受了。

宇宙間之所以充滿了生物，原因無他，只因爲創造生命沒有我們想像中那麼困難。回到五〇年代，在芝加哥大學的實驗室裡，專攻化學與生化的史丹利．米勒 (Stanley Miller) 教授正在進行一項實驗，打算重新建構地球最初孕育出生命時的環境。他在氫、甲烷、氨、水蒸氣的混合物中，加入電火花 (electrical spark)，最後得出胺基酸 (amino acid)，即形成生命很重要的蛋白質中所含的化學成分。

這項實驗結果更強化了他對「宇宙間隨處可發現生命」這個觀點的信心。有些人對米勒的假設「地球早期的大氣是由化學物質所形成」心存質疑，然而，我們很清楚地看到，只要在適當的環境下，生命是可以由少數幾個簡單的元素形成的。

無論生命究竟如何誕生，它都是呈現爆炸性的繁衍。看看我們的地球就知道，它是無數物種的家，其中已經被分門別類的物種有二百一十萬種，而實際的數量甚至可能高達一億種之多！許多物種甚至在我們發現之前早已滅絕。

以宇宙這般浩瀚、生命抓住機會便蓬勃生長的事實來看，世上充滿了數十億擁有靈魂的物種這點眞的那麼令人驚訝嗎？

光是我們這個銀河系，便約有兩千萬至三千萬擁有靈魂的物種，他們都是有意識的、理性的生命體，清楚知道自己是獨立存在的個體。

那麼，他們究竟從何而來？

靈魂是意識的一部分，充滿宇宙各個角落。
在賦予物種靈魂期間，得以停留於肉身層。

——作者的因果層指導靈

靈魂的目的是進化，而達到此目的的唯一方法便是到肉身層走一遭。純粹觀察無法眞正了解我們這個世界，眞的要知道成爲人類是怎麼回事，靈魂必須脫離宇宙意識(Universal Consciousness)，進入實際物種，成爲其中的一部分。

一旦這麼做，遊戲便開始了。靈魂會在這裡經歷、完成一連串的轉世過程，並於期間面對肉身層拋出的各種課題。

儘管靈魂會在兩次轉世之間短暫停留於靈魂層，但他在完成肉身層的輪迴轉世之前，是不會重新加入宇宙意識的。

靈魂存在的切身經歷

那我們如何知道靈魂確實存在呢？對許多人而言，這是根本不存在的疑問。大衛是來找我的問事者之中有過切身經歷的人之一，所以他對靈魂存在這類事情絲毫沒有半點懷疑。

你一定聽過這類故事。在我們這個醫學發達的世界裡，死後被救回來的例子實在不勝枚舉。事實上，瀕臨死亡的經驗愈來愈常見，你或許就認識有過這類經驗的人。我之所以要在這裡談大衛瀕臨死亡的經驗，是為了說明這種事會如何影響一個人的人生方向。

當大衛成了長島 (Long Island) 街坊鄰居中第一位擁有十段變速自行車的小孩那年，他十一歲。一九六七年的某個星期一午後，他從家裡騎著自行車要前往商店，當時大約三點零五分。他完全不記得在那之後發生了什麼事。

一小時後，正好四點零五分，大衛被一輛車撞個正著，駕駛人喝得爛醉，根本不知道自己闖了禍，也不知道車子繼續把大衛拖行了四十英尺遠。

警察抵達時，大衛已經沒有呼吸、沒有心跳了。他們把床單拉高，覆蓋上他的臉，將遺體移往醫院。當警察把壞消息告訴大衛的媽媽時，大衛的手突然從單架上滑落，醫生與護士立刻採取行動、搶救他的生命。

那段期間，大衛經歷了典型的瀕臨死亡經驗。

事故發生當下，大衛發現自己「懸浮在黑暗中」，心底有一股深沉的寧靜。他感覺自己在移動，但是看不到任何東西。過了一會兒，他開始朝一道明亮的白光移動，感覺得到有東西在那道光的背後。

當他望向那道光，他聽見自己的聲音說：「我還沒準備好。」他慢慢轉身背向那道光，然後開始遠離它。他感覺到那道光慢慢地消失，直到他再度懸浮在黑暗中。

他往下看，看見自己躺在醫院的病床上，媽媽及好友的媽媽站在他身旁。他慢慢飄回自己的身體，張開眼睛，開口問：「我在這兒做什麼？」

說到這裡大衛停了一下，強調整個過程一點兒都不令人害怕，甚至當他重回自己的身體時，依舊被那股深沉的寧靜所環抱。

許多瀕臨死亡而重生的人，都會清楚知道他們今世的目的是什麼。即使當時大衛只有十一歲，也不例外。「我知道我的目的，是要投入工作。」他告訴我：「我要幫助別人，我決定成為醫生。我也想飛，不過這件事和瀕臨死亡經驗無關，我五歲時就迷上飛行了。」

他加入海軍，成為戰鬥機飛行員，他還從健康科學軍事大學畢業，成為一名醫生。他接著又實現了另一項目標，成為一名航空醫官。

在經歷瀕臨死亡之後，大衛堅定地遵循他的靈魂所引導的方向，幫助他人。近年來，他擔任產科醫師，將創新的顱薦療法（craniosacral therapy）引進產房，獲得相當驚人的成果。

「我從不拘泥於舊習。」他說：「我總覺得自己不得不去做一些事。瀕臨死亡經驗對我的影響是，它讓我確信我所從事的正是我應該去做的事。」

從各個方面來看，大衛是幸運的。瀕臨死亡經驗不僅讓他洞悉靈魂為他規劃的人生，更讓他體驗了死而復生的滋味，神智清醒，他不過是與自己的身體暫時分離了一下而已。

尋找靈魂

不過，對於我們這些沒走過這麼一遭的人呢？如何得知我們靈魂的目的呢？如何確定靈魂這種東西真的存在呢？

一九〇七年三月十一日，《紐約時報》(*New York Times*) 上的一篇文章報導，一位名爲鄧肯・麥道格 (Duncan MacDougall) 的醫生宣稱靈魂是有重量的。他將垂死的病患放在裝有大型秤盤的床上，在病患死亡的那一刻，麥道格醫生發現他們的體重瞬間減輕了約一盎司。

我不是科學家，但是我可以肯定地告訴你，靈魂是沒有重量的，它是一種能量。一杯靈魂的重量就和一杯電流的重量一樣，都是零。這麼做其實是偏離方向了，要證實靈魂的存在，你是無法藉由量秤已經死去或垂死的身體得知的。

你應該做的，是從那些死而復生的人身上去探尋靈魂存在的諸多證據。

有些孩子容易靈通。他們通常記得自己的前世，其準確程度是經得起驗證的，尤其是當他們前世的生活地點與今世相距不遠時。

伊恩・史蒂文森博士 (Ian Stevenson) 是專門研究這類議題的專家，也是《二十案例示輪迴》(*Twenty Cases Suggestive of Reincarnation*) 一書的作者，他記錄了數千個宣稱擁有前世記憶的案例。史蒂文森博士投入多年時間往返於印度，秉持著十足科學的精神研究那些記得前世人、事、物的孩子們。

史蒂文森訪談了許多聲稱自己住在其他地方的孩子，也訪問過那些前世享受榮華富貴、而難以接受現世貧困生活的人。他見過一些孩子與前世家庭重逢時，能夠認出家人、叫出他們的小名，或是描述他們死後家中擺設做了什麼改變。

史蒂文森博士的一位學術界同僚曾這麼描述他：「他若不是鑄了大錯，就是二十世紀的伽利略。」

或許他說對了。但是，現在讓我們先來了解十七世紀的伽利略吧。

早在伽利略之前，人類已經發現太陽系裡許多行星的存在了。在晴朗的夜空中，他們看得見火星、水星、金星、木星及土星。不過，當時還有三顆行星尚未被發現（或許應該說兩顆，冥王星如今已經不在行星之列了）。由於沒有其他方法可以更深入觀察，人們也就眼見爲憑地接受了那樣的宇宙數千年。

伽利略是第一位用望遠鏡觀察夜晚星空的天文學家，他大大改變了我們對宇宙的認知。

靈魂是完全無法被看到的，沒有任何創新、先進的光學設備可以突然改變這一點。靈魂沒有重量、質量或密度，無法被看到、摸到或量測到。

事實上，你大可爭辯靈魂根本不存在。

就像爭辯海王星不存在一樣。

只不過，海王星確實存在，但要一直到十九世紀才被發現，而且，一開始並不是因爲天文學家親眼見到，而是因爲他們注意到天王星的運行軌道出現不規律的現象。

就像觀察天王星運行軌道的不規律現象而發現海王星一樣，要證明靈魂的存在，我們不能直接檢視，而要觀察他對我們的無形影響，也就是我們的信念及行爲，這些是可以看得見的。

如同海王星及其他行星一樣，靈魂一直在那兒，只是人類還沒有正式發現而已。

但是，靈魂究竟是什麼？又爲我們做了什麼？

靈魂最顯著的影響就是，讓我們成為擁有理性思考的生物。老鼠或許知道按一下按鈕可以取得食物，黑猩猩或許知道用樹枝來捕捉白蟻吃，但是人類卻已經懂得製造電腦晶片、建構複雜的社會，以及探索地球與其他星球了。

沒有靈魂持續推動我們向前，這一切是不會發生的。靈魂的目的是進化，而那也是我們的目的，不論喜不喜歡。

就像冰山一樣，你最大的那一部分，你的靈魂，是隱藏在表層之下的。他悄悄地運用影響力，影響你所做的每一件事。賦予了你個性、人格及抽象的思考能力。

靈魂的年齡與類型，以及我們與他互相連通的程度，讓每個人對這個世界的看法天差地遠。這就是爲什麼有人寧願被關也要反戰，同時間也有人不惜投入戰爭。

正因如此，德蕾莎修女奉獻了她的一生幫助窮苦人民，而美國房地產大亨唐納．川普則窮其一生汲汲營營。也因爲這樣，有人手持燭光在死囚牢房外頭祈禱、抗議行刑，同時也有人歡欣鼓舞地在廣播電台點播皇后合唱團的《又有人陣亡了》(*Another One Bites the Dust*)這首歌。

你的靈魂決定你住哪裡、選擇誰當朋友、誰當伴侶、做什麼事、投誰一票、崇拜什麼人，以及你對幹細胞研究與墮胎等議題的立場。換句話說，你的靈魂影響著你生命裡的每一件事。

如果你想了解你的人生目的，這就是爲什麼了解自己的靈魂究竟是「誰」會是如此重要了。

下一章，我們將探討心靈指南十項元素中的第一項，以及輪迴轉世中所經歷的艱苦、喜悅、愛、死亡及其他無數的經驗，會如何影響你看待這個世界。

第二章 認知之門

第一門課 靈魂年齡：你的信念之源

靈魂影響信念，信念影響人們對這個世界的認知。沒有兩個人的信念完全相同。每個人都相信世界就是自己看到的樣子，儘管那只是其中的一小部分。

——作者的因果層指導靈

打開認知之門，揭露信念這個看似令人費解的東西。

在我探索信念之源以前，經常百思不解，爲什麼智力、教育背景相當的兩個人，其政治思想及社會觀點卻會南轅北轍。

何以一個人加入美國來福槍協會，而另一個人卻加入布萊迪防制槍枝暴力聯盟？

又爲何兩個人看待世界的角度如此不同，一位成了右翼的共和黨員，而另一位卻支持自由派的民主黨？

爲什麼你看事情似乎很有一套？爲什麼對於信奉基本教義的人，你就是知道他們對墮胎、同性戀結婚、死刑及持槍權利會抱持什麼立場？

既然說到了宗教，又爲什麼世界上會有六大宗教信仰，而不是一個呢？

在我獲得解答之後，對於人類的信念分歧頓時可以完全理解了。讓我們來看一些例子。

「死刑不僅殘酷、也沒必要。人類生命的尊嚴不能輕易被奪走，即使那人邪惡至極。」

——教宗若望保祿二世 (Pope John Paul II)

「死刑是我們社會對人類神聖生命的認同。」

——美國猶他州共和黨參議員奧潤．海契 (Orrin Hatch)

「大麻是人類所知具有療效的最安全活性物質之一。」

——美國緝毒署 (Drug Enforcement Agency) 法官法蘭西斯．楊 (Francis Young)

「所有隨意吸毒的人都應該被拖出去槍斃。」

——美國加州洛杉磯前警長達爾．蓋茲 (Daryl Gates)

「人世間的痛苦莫此為甚：眼睜睜看著自己的孩子在面前死去。」

——哲學家尤里披蒂茲 (Euripides)

「嗯，他們是共產黨員，他們都該死。」

——美國前參議員傑西．赫姆斯 (Jesse Helms)

（針對一群慘遭謀殺的尼加拉瓜孩童、醫生與護士評論）

「他們每個人都是耶穌化身的可憐人。」

——德蕾莎修女（針對愛滋病患者）

「愛滋病是公義的上帝對同性戀者的譴責。」

——傑瑞．法威爾牧師 (Reverend Jerry Falwell)

這就是我們的世界：生命是神聖的；而我們必須殺人來維護這份神聖。大麻對人體是有益的；而吸食者應該被拖出去槍斃。

再也沒有比親眼目睹孩子死亡更悲慘的事；當他們的信念與你相牴觸時除外。羅患愛滋病的可憐人無異於上帝；但仍舊該死。

看到這裡答案已經昭然若揭了：說到信念這檔事，人類算得上是地球上意見最分歧的物種了。

信念既讓人們團結，也讓人們對立。無論是宗教上的、政治上的、或意識形態上的，信念是人們衝突的根源，卻也讓我們在同一個宗教、政治或社會組織內物以類聚。堅信唯有自己的信念才是正確道路，會引導我們走向剷除異己的極端。幾世紀前，十字軍打著宗教正義之名東征，挺進中東各國，大肆屠殺。一五六八年，爲了消滅喀爾文教派 (Calvinism)，荷蘭子民慘遭教宗判刑處死。

有些人甚至把信念看得比性命還重要。在佛教界，和尚爲了抗議越戰而自焚。在中東，自殺炸彈客則因爲自身的信念而犧牲自己還拖別人一起下水。

我們的信念究竟從何而來？是受父母或教養的影響嗎？如果眞是這樣，你和兄弟姊妹對於每一件事的看法應該會相同。但有兄弟姊妹的人應該都會搖頭說：事實絕非如此。

也不會是教育的結果。大學畢業生幾乎對每件事都會爭辯不休。

也無關乎智力。所有智商一〇四的人對於事情的看法並沒有都相同。答案其實很簡單，**信念反映的其實是你的靈魂年齡，以及被幻象**（肉身層與靈魂層之間的障礙）**糾葛的程度**。

五歲孩子看到的世界和老年人眼見的大不相同，同樣地，年輕靈魂對人生的看法也會和年長靈魂大相逕庭。

但是一個靈魂爲何會比另一個靈魂年長呢？

答案是：輪迴轉世。**靈魂進化的關鍵就在於，它可以一次又一次地回到肉身層，了解、學習人生百態**。

你的靈魂希望獲得一個碩士學位，但這豈是一蹴可幾。如果我們的人生只有一次，能了解、學習到的東西真的不會太多。拜輪迴轉世所賜，我們每個人都能歷經一次又一次的人生，獲得豐富、完整的教育。

爲什麼你用這角度看世界

在好幾千年、生生世世以前，你進入到這個世界成爲第一級的靈魂。等到你完全離開肉身層之前，你的靈魂會到達第十級。這期間可能會經歷一百二十至一百五十次不等的轉世。

靈魂在進化過程中，內在狀態會從恐懼蛻變成為愛，外在表現則從自私自利蛻變為無私奉獻。在這趟旅程中，他對這世界的了解也不停地在改變。

舉例來說，如果某一世的靈魂被誤判監禁而受苦，從此，他對不公不義的事情就會變得敏感。而在另一世擔任過政府官員，他就會了解權勢的運作模式。透過這種方式，**每一次轉世都是建立在上輩子的基礎上，不斷累積對這個世界的認識。**

關於靈魂年齡

這是一個崇尚青春的世界，多數人都希望自己比實際年齡看起來年輕。然而當談論的是靈魂時，突然之間，每個人都希望擁有的是年長的靈魂。所以，讓我盡可能說明清楚：

- 靈魂的年齡就只是靈魂的年齡而已。
- 年長的靈魂和年輕的靈魂並無好壞之分。
- 如果你現在擁有一個年長的靈魂，你也曾經年輕過，也曾經以一個年輕靈魂的角度看世界。

靈魂年齡分爲兩大類：年輕的靈魂與年長的靈魂。每一類又分爲五級，每一級可能得經歷五至二十次左右的投胎轉世才得以完成，端視目標達成的速度。就像一件珠寶當中的鍊結，每一級是分開的，但結合成一整件。

一旦學會了每一級該學習的課題，就會成爲靈魂永遠的經驗。以第二級爲例，在人間要學習的是如何與其他人合作。一旦體認到合作的重要性，靈魂往後在肉身層的每一次轉世都會帶著這樣的體悟。

十種靈魂年齡

年輕的靈魂
- 一級靈魂
- 二級靈魂
- 三級靈魂
- 四級靈魂
- 五級靈魂

年長的靈魂
- 六級靈魂
- 七級靈魂
- 八級靈魂
- 九級靈魂
- 十級靈魂

靈魂每進階一級的時候，都會學習到適合靈魂年齡的一些課題。在努力對抗幻象的同時，我們不僅學會克服靈魂成長帶來的危險，也懂得善用每一級擁有的機會。

機會、危險與幻象

幻象，很簡單，就是認爲你看到的就是一切，也就是人生始於肉身層、也結束於肉身層。

危險是忽略靈魂指引的後果，它會妨礙你去經歷靈魂希望你在今世去經歷的每一件事。

要活出靈魂想過的人生，你得打破幻象的障礙。而法門便是遵循靈魂的指引，善加利用心靈指南每項要素相對應的機會。

地球上的每一個人都有能力克服幻象，也都必須這麼做。

成功經歷多次輪迴轉世之後，靈魂會逐漸拋開幻象，克服恐懼與自私。今生的成敗都將成爲來世的基礎，一直到我們終於學會「愛」與「體諒」是眾生、萬物合一的力量。

年輕的靈魂

一級靈魂

✓機會：認同 (identification)

✗危險：憂慮 (apprehension)

一級靈魂最初投胎轉世時，會謹慎地避開現代化的世界。對於要在這地球上生存，他們覺得恐懼，因爲除了他們之外，每個人似乎都知道這裡的遊戲規則。

他們通常會選擇生活在小型社會裡，好避掉太複雜的事物。在單純的文化裡，這些涉世未深的靈魂學習跨出第一步，通常是學習能讓他們賴以維生的行業、或一技之長等。

一級靈魂會創造出給予他們安全感的規則與儀式，這就是他們投胎做人要學習的一切。

一級靈魂的機會是認同，即學習把自己視爲一個個體，並同時了解歸屬於某種文化的重要性。分享信念、價值及行爲規範是一級靈魂需接受的教育。這個層級的危險則是憂慮，對生活於肉身層的擔憂會讓這些非常年輕的靈魂從這世界退縮回去。

一級靈魂通常不擅長使用語言，因爲語言對他們而言是相當新的工具。他們的文學與藝術素養、以及對這世界的了解極其有限。

不過等完成這個層級（這可能需要幾次輪迴）的學習之後，他們就有能力面對較爲複雜的課題，也就是和其他人合作與分享。

二級靈魂

- 機會：合作 (cooperation)
- 危險：懷疑 (mistrust)

比起最初幾次投胎轉世，二級靈魂對這世界的恐懼已經減少了許多。儘管如此，他們還是寧可不要冒險。他們會祭出 **AK-47** 步槍、嚴峻的法律及復仇之神來保護自己。他們認爲，這世界非黑即白，不是我們就是他們，不是善就是惡，都是二分法。他們奉行基本教義並服從權威，這樣有助於他們避開棘手、尷尬的問題。

這個世界對他們來說仍算新鮮，經驗不足使他們很容易受騙上當。過去，他們經常淪爲投機客的犧牲品；如今，他們則成了政客謊言的俎上肉、任其宰割；政客們口口聲聲要保護他們免受恐怖分子、外來移民、同性戀者、及種種不公不義之事所害，卻又把他們的工作機會移轉到海外、斷絕他們的生路。

二級靈魂會刻意讓自己與主流保持距離，要先習慣肉身層的世界後，才不怕遇到別人持相反的觀點，威脅到他們憑恃的刻板信念。爲了這個理由，他們通常會選擇生活在農村地區或小城鎭，以便學習這個層級的機會，也就是與他人合作的重要性。

他們會制定嚴格的法律，而且往往藉由宗教之名讓自己躲在保守狹隘的保護殼裡。在他們眼中，只有他們的神才是眞正的神，信奉其他邪神的人都會下地獄，不得永生。

由於經驗過於狹隘，以致於無法理解其他靈魂，二級靈魂認定，不像他們那樣嚴格遵循同一套行爲準則的人，就是缺乏道德規範。

因爲其他靈魂看這個世界的角度和他們不一樣，所以「另類」一定是不好的。既然他們是邪惡的，就一定會受到懲罰，這就是爲什麼二級靈魂會透過律法來規範道德。這個世界的牢獄裡擠滿了那些沒有傷害別人、只是觸犯二級靈魂道德感的人犯，包括娼妓、吸毒者、同性戀者、褻瀆神靈者及政治異議分子。

對其他人的不信任（危險）在二級靈魂達到高峰，他們很難與別人維持眞正的親密關係，他們對性行爲感到窘迫。他們的信念是：不該沉溺於人的慾望之中，那是骯髒的、羞恥的。

二級靈魂由於經驗不足，無法理解與自己不同的靈魂。他們認爲不同種族、宗教及性別之間存在極大的差距。例如，男性會認爲自己比女性優越，認爲女性就該待在家裡（非常年輕的靈魂認爲體力就是機會）。

厭惡女性

端視他們沉迷於幻象有多深，以及他們生活在怎樣的社會裡，靈魂較年輕的男性會透過不同的方式顯露他們對女性的恐懼，壓制她們。他們把娼妓關起來、對淫婦丟擲石塊、強制女性行割禮、不讓女孩接受教育，也不准許避孕或墮胎的行為。

在許多社會裡，二級靈魂的女性也助長了男性對女性的欺壓，因為連她們自己都認為女性應該對男性卑躬屈膝。

直到靈魂年齡漸長，才會真心地認為男性與女性是平等的。

綜觀人類從古至今的歷史，那些深受幻象迷惑的二級靈魂，總是想盡辦法遏止令他們害怕、或不了解的事物，例如：貓王、牛仔褲、其他腐敗文化的影響、大麻、公民權、平等權、情色玩具、色情刊物、宗教衝突、同性戀人權、喝酒、饒舌音樂及言論自由等。

他們得花好久的時間才能學會如何生活、活出眞正的人生。

三級靈魂

✔ 機會：歸屬感 (belonging)

✖ 危險：順從 (conformity)

三級靈魂不理性、很容易意氣用事。他們買貨車相信只要是「美國的動力」(Heartbeat of America) 出廠的就是好車，就算車子實際上是在加拿大或墨西哥製造的，他們也不在乎。

這些靈魂渴望成爲群體的一分子（機會），無論是家庭的一分子、或國家的一員都好。他們會組成關係緊密的家庭，透過篤定的宗教信仰與嚴格的道德規範來維繫。

他們眞正想要的是融入所處的社會，但是在這麼做時，卻經常不自覺地掉入順從的危險。三級靈魂從不會放任自家院子裡雜草蔓生，也不會想要鶴立雞群。他們喜歡上大型教會，那類地方可以讓他們覺得自己和其他靈魂有交流，自己是屬於多數分子。

沒有什麼事能像異議分子在外國焚燒美國星條旗那樣令三級靈魂火冒三丈，他們把這種事視爲奇恥大辱。

在美國，較年輕的靈魂爲了讓美利堅聯盟國國旗[2]飄揚在南卡羅來納州的州議會大廈上空，已經抗爭了好幾十年之久。無論是二級、三級靈魂誕生於何處，旗幟都是他們身分極其重要的象徵，這也是爲什麼不經過一番奮戰，他們絕不可能棄甲投降。

在第三級，靈魂仍然需要感覺安全與安心。有賴這些靈魂的影響力，近日出版的書籍揭露了美國大峽谷其實是幾千年前才形成的，並非科學家所說的五、六百萬年前。創造論（Creationism）[3]宣示了複雜的科學理論所無法提供的堅定信念。

三級靈魂會選擇生活在較為都市化的地區。他們發展出來的社會雖然仍失之狹隘，卻也運作完善。在這些社會裡，火車總是準時抵達，而且每個人都享受著成為某社群一員的好處，也就是歸屬。

他們認為，只要勤奮工作、前往大家認可的地方拜神、當個守法公民，所有事情就會順順利利。

反之，牴觸社會信仰、顛覆現狀、或做出越軌的行徑，就會為自己帶來不必要的麻煩。順從、以及順從所帶來的安全感對他們至為重要。

如同一、二級的那些靈魂，三級靈魂對親密關係仍舊感到不自在。他們大多聚焦在外在世界。由於不會從內在尋求答案，他們會把人生中遭遇到的不幸怪罪在其他人身上：怪罪單親媽媽、怪罪福利遭受剝奪、怪罪移民、怪罪同性戀者。

年輕的靈魂，尤其是三級靈魂深受民族主義（他們把民族主義與愛國主義混為一談）影響。他們的國家，無論是哪一個，都是世界上最偉大的國家。他們認同國家，並把國家和自身畫上等號，國家的力量就是他們的力量。

政治及軍事領袖通常為第五層級的靈魂，他們會利用三級靈魂的這項特質，贏得軍事上的支持，或藉以從事帝國主義大業。三級靈魂往往會唱著愛國歌曲、昂首勇赴戰場，並認為為國捐軀是無上光榮的事。

為國捐軀

由於年輕靈魂往往比年長靈魂更願意勇赴戰場，你或許會因而以為他們不怕死。事實上，他們非常害怕任何與死相關的事物。他們抵擋害怕的方式之一，是深信他們會有榮耀的來世，在那裡，他們會因為赴死的勇氣而獲得獎賞。

對於死亡，北歐人創造了一個詭譎複雜的神話。他們相信，戰亡的英靈將永垂不朽。在瓦哈拉殿 (Valhalla)[4] 被當成英雄般對待。

2 美國南北戰爭時，南方的旗幟。
3 相信人類萬物是神創造的。
4 北歐神話中的天堂，陣亡的戰士英靈會在此受服侍。

三級靈魂相信，某些人天生就比其他人優越。因此，他們對君主、總統及神像（只要他們覺得這些神是值得敬重的）等充滿崇敬之情。

正因爲他們認爲自己不如別人、加上對歸屬感的需求，較爲弱勢的三級靈魂會與其他同類靈魂團結在一起。任何想要打破這種宿命的人都會帶來威脅感。一旦有人想振翅高飛而摔得慘兮兮時，都會被當成例子拿來告誡其他人，要他們別忘了自己在自然界裡的位置或侷限。

四級靈魂

- 機會：擴展 (expansion)
- 危險：虛偽 (hypocrisy)

當靈魂進展到第四層級時，就會開始擺脫強烈的尷尬與不安。他們會開始參與世界的運行。就像小小孩試著加入大孩子的遊戲一樣，四級靈魂極力想要仿效他們所景仰的那些人。

他們景仰的那些人是上一級的靈魂。五級靈魂就像是很酷的大哥哥，舉手投足充滿自信，也了解世界的運作之道。反之，四級靈魂則是不夠練達世故，儘管如此，他們還是盡其所能地運用擴展這項機會。不管喜不喜歡，這些靈魂都會自發地投身更廣大的世界。

四級靈魂對子女的影響極其深遠。他們渴望成就，因此成爲有責任感的父母。他們希望孩子做好每一件事，一方面是因爲孩子的成功可以光耀門楣，另一方面也是因爲這級的靈魂開始了解到孩子是獨一無二的個體，而不只是他們自身生命的延續。

這是一個難熬的階段。在他們後頭的是有很強烈道德觀的年輕靈魂；在前頭的則是崇尚實利主義的五級靈魂。

當他們尷尬地腳踏上帝與財神這兩條船時，世俗經驗不足使他們露了馬腳，經常掉入虛僞的危險之中。

他們譴責其他人道德淪喪，但回過頭來，又被人發現他們賭博成習、嗑藥成癮、或有非婚生子女等。面對自己的失敗，他們大多否認自己有問題，甚至會怪罪媒體，「媒體斷章取義」；或政治對手，「我是被對手抹黑」；或過去的信仰，「我曾是一名罪人，但現在重生了」。

挨鞭童

歐洲許多國王在孩童時期都擁有一名挨鞭童，那是一名當他們年輕的主子在課堂上犯錯時，代為接受鞭打處罰的奴僕。

四級靈魂通常會找到挨鞭童代為承擔自己犯錯所應接受的懲罰（即使他們在其他人眼中根本沒有罪，只不過是他們自認如此）。因為這麼做可以驅除他們的罪惡感或羞恥感。

近年來，美國華盛頓州史坡堪市(Spokane)的市長（第四級靈魂者）在其政治生涯中經常反對同性戀者的人權。他提出一項法案，不僅禁止同性戀者在學校及幼兒園任職，還可以因為某人是同性戀者而任意開除他。

後來，他在網路上與男性談情被抓包。他以能夠在政府任職利誘對方換取性交，最後反而丟了自己的飯碗。

這位四級靈魂市長的挨鞭童是同性戀者，他在他們身上看到自己也是同性戀的「過錯」。

當他們開始在這個世界發展時，四級靈魂會建立起鞏固的社群、對教育產生前所未有的興趣、並積極朝幾種特定的職業發展。在這個由五級靈魂主導的競爭世界裡，他們正在尋找有用的經驗和教訓來幫助他們存活下來。

五級靈魂

✔機會：探索 (exploration)

✖危險：剝削 (exploitation)

五級靈魂不僅活潑、生氣勃勃，而且都扮演著努力推動事物前進的角色。要不是他們，我們今天可能都還騎著馬、坐著馬車到處奔波。

五級靈魂全然接受這個世界。事實上，他們相信這世界是屬於他們的，是供他們予取予求的。年輕靈魂內心的不確定感已經消失了，取而代之的是自信。他們帶著自信悠遊於這個世界，在探索時他們既要權、也要錢。

這個層級受幻象的控制最爲嚴重。必須投入更大的心力，心靈才有可能眞正覺醒。對這層級多數的靈魂而言，心靈層界就跟童話世界一樣虛幻、遙遠。

對於那些沉湎於幻象的靈魂，伴隨其野心而來的危險就是剝削。他們喜歡隨心所欲、予取予求，忽略長遠的後果。

五級靈魂深信帝國主義[5]對文明教化的影響。縱觀歷史，他們征服過許多社會族群，爲自己帶來更高明的技術、與他們自認爲更先進的文化。

五級靈魂熱衷政治，喜歡爭權奪利的刺激感。然而，這些迷戀幻象的靈魂在乎的是「統治」、而非「治理」國家。即使自己的國家陷入戰爭，他們眼中眞正的敵人依舊是反對黨的政敵（如果還存在的話）。

說到戰爭，他們覺得這是展現自己勢力的絕佳方法。敵國的五級靈魂領袖派出強勢大軍，我國領袖也遣出最佳陣容去抵抗。他們相信，面對暴力就是要以暴制暴。他們的好戰性格就像他們對勢力的熱愛一樣強烈，然而，他們無法明確區分「勢力」與「力量」的差別。因爲力量的反面是軟弱，他們害怕被視爲軟弱，所以認爲行事一定要強悍。

害怕示弱

在美國海軍艦隊擊落伊朗民航機，奪走了兩百九十條無辜百姓的生命時，五級靈魂的美國前總統布希表示：「我絕不會道歉，我也不管事實究竟為何。」他的說詞反映出了五級靈魂堅持信念及害怕示弱的特性。此外，因為他們整個沉迷於幻象中，因此很難與人相互連結、溝通。

就算侵略者實際上很少能贏得戰爭，但幻象還是阻礙了許多年輕靈魂從過去的經驗中學習。他們侵略其他國家，認爲戰爭在幾週內就會結束，甚至認爲大家會張開雙臂迎接他們。他們就是無法記取歷史的教訓。

五級靈魂會創建活躍的大城市。總是不斷推動事物向前，他們所處的時代，科技會以驚人的速度發展。他們對於新奇事物的渴望，讓市場上永遠不乏新產品。

華爾街及大型企業都是五級靈魂的傑作，這些領域給了他們影響世界的舞台與空間（值得注意的是，各級靈魂最後都是在幫這些組織工作）。

權力：五級靈魂的催化劑

各級靈魂都有各自的學習重點。五級靈魂要學習的是探索，其中一項課題便是如何行使權力。

權力如此吸引著五級靈魂，他們甚至願意犧牲豐厚的收入，換取一份更具身分地位、更有機會行使權力與影響力的工作。

5 一種透過掠奪領土或建立經濟、政治霸權而凌駕於別國之上的政治主張。

從亞歷山大大帝到多數美國總統，每位世界級領袖幾乎都是五級靈魂。他們是兩國邊界、地幅一再發生變化的原因。

除非進入下一級，否則這些靈魂並沒有太多時間反思。而且，他們仍然保有年輕靈魂孤立自己的習性，因此會建構門禁森嚴的社區、以及不利社交互動的公寓。

拉皮、隆乳是五級靈魂延續青春的方法。他們內心認爲，年老意味死亡。年輕的靈魂對死亡有一種恐懼，直到進入下一級之前，這種恐懼都不會消失。

年長的靈魂

六級靈魂

- 機會：反思（introspection）
- 危險：自我懷疑（self-doubt）

這一級的靈魂剛剛從年輕靈魂晉升爲年長靈魂，會經歷一百八十度的大轉變，從**探索外在世界轉而探索內在世界**。尋找人生意義的過程稱爲「追尋」（Quest），這個過程會一直持續，直到靈魂在地球上第十級的最後轉世。

追尋

「追尋」是尋求自知、自覺。從希望了解人生的意義開始，逐漸轉而希望了解某一特定人生的意義，也就是自己人生的意義。

六級靈魂不會輕易接受傳統觀念，他們質疑每一件事。由於看事情的角度變了，這些年齡漸長的靈魂不再天眞，取而代之的是處處懷疑或批判的心態，他們不再以權威者所教導的角度看待這個世界。

年輕的靈魂對於不公不義的事情比較能容忍，因爲他們相信將來都會有報應。但到了這一級，他們可不願意再百依百順了。他們會爲自己及周圍的人爭取更多公平待遇，而且今世就要，不是等到下輩子。爲此，他們會組織工會、聯盟或其他非營利的組織。

六級靈魂開始體認到實利主義的膚淺，但又不確定幸福的源頭來自何處。他們覺得人生需要更深層的意義，實際上，他們認爲自己追求的是心靈、而非宗教的寄託。他們透過文學與藝術探索自己（他們具創造力，但少有創新）。研究別人變得很有趣，了解別人行爲的內在動機，可以幫助六級靈魂了解自己、眞我究竟爲何。

他們對於「異類」的戒慎害怕逐漸減輕。在各種族群與文化之間不斷轉世之後，他們更能接受別人的相異之處，也不再像年輕的靈魂那樣對死亡深感恐懼。

對人生意義的追尋及反思（機會），讓他們不再向外、而是向內尋找問題的答案。不過也容易小題大作。由於自我懷疑的危險，他們一旦面對信念或性別傾向這類問題時，往往會陷入強烈的內心掙扎。

幻象在六級靈魂的人生裡不再扮演重要角色，他們漸漸傾向於和平主義，對於武力衝突覺得不安，主要原因有二。

首先，幾輩子上戰場打仗的經歷讓這些年長的靈魂深刻體悟：戰爭解決不了問題。其次，這一級開始有的反思，讓他們意識到人類實際上是密不可分的。

隨著這股意識逐漸增強，六級靈魂失去了控制、支配的意願。他們了解到，滿足自己需求最好的辦法其實是圓融與合作。

到了進入第七個層級的時候，這些靈魂將具備面對新人生所需的洞察力。

七級靈魂

✔ 機會：創新 (innovation)

✖ 危險：不安 (anxiety)

年輕靈魂的衝勁及年長靈魂的反思相互衝擊，讓七級靈魂產生了非凡的成就。偉大的發明、傑出的畫作、還有新事物的發現，都是七級靈魂的傑作。這些靈魂帶領我們翱翔天際（萊特兄弟）、為我們建造出西斯汀禮拜堂（米開朗基羅）及發明了盤尼西林（亞歷山大·佛萊明）。

在文藝復興這個發現與啓蒙、醫療與科技突飛猛進的世紀，創意十足的七級靈魂扮演了極其重要的角色。事實上，創新正是這一級的機會。在這一級之前或之後，他們從沒有如此具有創意、善於創造或充滿好奇心。他們的衝勁將自此逐漸消失。

百分之一的靈感

偉大的發明家愛迪生充滿年輕靈魂的活力與幹勁。但事實上，他屬於七級靈魂。就是這樣，他才有能力利用來自靈魂世界的靈感。

愛迪生有一個屬於年長靈魂的習慣，就是進入冥想時手上習慣握著黃銅製的小球。當他處於半睡半醒的狀態時，握球的手會鬆掉，而球順勢滾下來的著地聲響使他驚醒。然後，他便會寫下腦中受到啟發的想法。

他宣稱「天賦是百分之一的靈感、加上百分之九十九的努力。」而那百分之一就是來自另一個空間：靈魂世界。

或許你會有興趣知道愛迪生的遺言：「那裡非常美麗。」他究竟是指他臥室窗外的景致呢？還是他瞥見了死後的那個世界呢？

對於「追尋」的全心投入，使他們過度專注於自身事物，甚至可能到罹患精神官能症的地步。焦慮敏感的詩人及藝術家都屬於這一級的靈魂，他們都在尋找某些事物的意義：藝術、文學，尤其是生命本身。

這些靈魂不熟悉自我精神分析，卻極其所能寫出一些讓人生看起來更錯綜複雜的深奧哲理。

他們覺得有進一步去了解這世界的必要。這份迫切的需要、加上想要幫助彼此的渴望，讓他們建立了致力於追求各種知識的社會與組織。

在這一級，世界變得比以前更美好了。這得歸功於前幾級所沒有的層面：內心的複雜性(inner complexity)。

七級靈魂探索著自己內在那個未曾造訪過的深層世界。內心煎熬的藝術家尋找其他飽受煎熬的靈魂，希望不再感到孤獨。他們很高興發現，還有其他與自己有著相同熱情的人可以相互討論、交流。

不安（危險）通常和藝術、音樂密不可分，因爲許多現在和過去的畫家及音樂家都是屬於這一級的靈魂。具代表性的例子有印象派的畫家莫內及作曲家貝多芬，他們都是焦慮不安的天才。印象派畫家幾乎都是七級靈魂。正如從古至今的許多藝術家們，他們一直苦苦探尋生命的目的與藝術的意義。

這種緊繃與敏感可能導致感官過度刺激。不安會接踵而來，妨礙這些靈魂完成他們原本打算要做的事。

讓七級靈魂聚在一起的，是他們對人生奢華物質的熱愛，尤其是享受一餐美味的料理或是品品美酒。他們對各式各樣的藝術展現極大的興趣，前所未有的新奇事物尤其具有吸引力。

八級靈魂

- 機會：對等 (reciprocity)
- 危險：自滿 (complacency)

八級靈魂完全沉湎於自己的人生。他們擁有極爲強烈的情感關係，能幫助他們探索自己內心世界的各個層面。

他們欣賞創造力，但不同於七級靈魂，他們比較可能成爲藝術的贊助者，而不是藝術家本身。

八級靈魂逐漸了解人類是一個共同體，更能關心其他人。這一級的機會是對等，他們需要清楚了解互相依存的重要性，這可以激勵他們創造出更美好的世界。

他們會參與政治及社會性的慈善機構，並找尋和他們一樣想要讓世界更好的人。你可以在政黨、國際特赦組織 (Amnesty International)、無疆界醫師組織 (Doctors Without Borders) 及國際綠色和平組織 (Greenpeace International) 等機構中找到八級靈魂的人。雖然這些組織吸引了五級以上不同層級的靈魂，但是八級靈魂的參與度是最高的。

八級靈魂容易陷入自滿（危險）。尤其是當他們加入某團體或組織時，他們會竭盡所能、全心投入，但最終卻改變不了任何事。年輕時曾經激勵他們靈魂的那股熱情，如今已經變成一堆悶燒的餘燼了。有時候，他們甚至會忘了自己是有生命目標要實現的。

八級靈魂大多重視環保，開的是對全球暖化危害最低的汽車。這項特質會一直延續到他們成爲十級靈魂、離開這個肉身層爲止。他們想爲自己及其他人（甚至包括地球上的後代子孫）創造一個舒適的環境。

經歷過多次轉世，他們了解到不同種族、不同性別的人之間其實並沒有什麼不同。當這層幻象逐漸消失，即使是那些完全沉湎於自己內在的靈魂，也會與靈魂世界連結得更緊密。他們會開始尋找和平解決衝突的方法，不管是個人或是國與國之間的衝突。

走過了多次輪迴的大風大浪，八級靈魂會期許能活出自己想過的生活。他們最怕的是生活受到外界干擾，例如政府、戰爭的干擾或是遭受侵略等。

九級靈魂

✔ 機會：自我改善 (self-improvement)

✖ 危險：全神貫注 (preoccupation)

第九級是解決個人問題的階段：正視恐懼、克服沈溺及修正缺點。

無論他們自己是否察覺，這些資深的靈魂都是在努力解決過去輪迴轉世所留下來的問題。背負著這麼多的悲傷與哀痛，許多靈魂會花一輩子的時間在治療、或設法了解自己的情感面。

由於不再受幻象所惑，靈性的重要得以彰顯。現在他們已經接近第十級了，待在肉身層的最後這幾次人生中，九級靈魂會更加體認到人類是個共同體。

他們尋找的是清靜自在的信仰，而不是向從小耳濡目染的宗教尋求慰藉。靈學及冥想讓他們得與天地萬物連結。

心靈探索

九級靈魂喜愛與心靈契合的群體一起探索性靈，而不是到宏偉高大的宗教建築裡祈禱參拜。他們喜歡待在靈修的地方，在那裡，有志同道合（通常為同性）的靈魂為伴，安心地探索自我。

幾輩子欠下的債必須償還、或至少要努力解決（九級靈魂不想要在離開這倒數第二級時，還有未完成的事糾纏他們）。他們會投入幾輩子的時間來完成該完成的課題，解決前幾世累積下來懸而未決的問題。

這一級的機會是自我改善。不過，這些靈魂可能會過於專注在自身問題，而罔顧了世俗的責任，例如自己的生涯、甚至家人。這是九級靈魂面臨的危險。

儘管已經比較年長了，九級靈魂仍保有一些幹勁。他們有時候還是會在企業界工作，果眞如此時，他們會盡力打造出一個良心企業、提供優質產品。他們會支持慈善機構，設法讓世界變得更美好。

十級靈魂

✔ 機會：悲憫 (compassion)

✖ 危險：被動 (passivity)

第十級的靈魂已經準備要退休了。世俗對於成功的狹隘觀點之於他們不再具有任何意義，實利主義也不再那麼重要。既然在競爭激烈的商場叱吒風雲過了，又哪還會在乎多賺一點錢呢？

相較於第九級，這一級在意自我的程度略低，對心靈療癒的熱衷已不復存在。他們多半過著寧靜的生活，從事著他們喜愛的工作，希望對這社會能有所貢獻。

他們都相當聰明，但是缺乏幹勁或野心，周遭的人可能會惋惜他們未能發揮潛力。這一級的危險是被動，這些悠閒的靈魂已經擁有幾輩子的成就，往往覺得這些他們都經歷過，沒什麼大不了。

有時候，十級靈魂會放棄一份好職業，好專注於一件自己感興趣的事物上，即使得放棄豐厚的收入或顯赫的地位也在所不惜。

十級靈魂通常不會爲了標新立異而做出任何不尋常的事。他們比其他層級的靈魂更不重視流行趨勢，而會順著自己的感覺走。即使買得起名牌時裝，他們還是可能逛路邊攤。多數行徑古怪的人其實都是十級靈魂。

靈魂群聚

某同年齡的靈魂會因為有共同的課題要學習，而出生於他們想探索的那個國家或城市。某些地區的人可以整個被視為屬於某個特定的靈魂年齡，理由即在於此。例如，挪威很顯然是十級靈魂居住的國家，它擁有建全的社會建設，也不大可能發動戰爭侵略鄰國。

十級靈魂的焦點是傳達悲憫之心（機會），並學習兼顧現實與心靈層面。要傳達悲憫之心，他們得相當程度融入這個實體世界，才能讓其他人感受到他們的愛。只要能感受到愛的回報，十級靈魂走到哪兒都會覺得快樂（儘管他們喜愛寧靜更勝於喧鬧）。利他主義在第十級達到顛峰。累積了幾輩子的經驗，當這些靈魂看著其他靈魂受苦時，很容易就會聯想到自己過去的相同遭遇。

隨著一次一次在世間的學習引領他們回歸宇宙意識，幻象變得更容易克服了。某種程度上，他們已經體認到全人類是緊密相連的、都應該受到尊敬。他們看穿了戰爭的愚蠢、極端實利主義的膚淺、以及濫權的危險。

在最高齡這一級，因爲與其他靈魂的緊密關係，使得他們無法容忍殺戮行爲。十級靈魂反對戰爭、死刑及酷刑。

年長靈魂的利他主義

桃樂絲．漢尼西 (Dorothy Hennessey) 與格溫．漢尼西 (Gwen Hennessey) 既是方濟會 (Franciscan) 的修女，也是親姊妹。當格溫八十八歲、桃樂絲六十八歲時，她們因為在惡名昭彰的美洲學校 (School of the Americas) 外頭抗議，被逮捕並判刑六個月。這間位於美國喬治亞州的學校專門教外國的士兵酷刑手法，後來改名為西半球防禦學院 (Western Hemisphere Institute for Security)。

桃樂絲和格溫根本不必擔心自己會在國外遭受酷刑，但是她們卻願意犧牲自由幫助素昧平生的人們。

身為十級靈魂，她們打從內心知道，我們都是一體的。

像和平行動主義人士辛蒂．希韓 (Cindy Sheehan) 及荒野之聲 (Voices in the Wilderness) 的創辦人凱西．凱莉 (Kathy Kelly)（兩人都是十級靈魂，都曾因爲反對暴力而入獄），可能都會投入她們在人世間最後的這幾輩子，勇於爲和平及正義發聲。

這些年長靈魂令沉湎於幻象中的年輕靈魂覺得受威脅，他們因爲自己的行動被恥笑、甚至被監禁。在美國聯邦調查局（ＦＢＩ）成卷成冊的檔案中，就充分說明了他們對和平、自由、公平及正義的眞正觀點了。

十級靈魂就像多數年長靈魂一樣，他們尊重環保，知道後代子孫必須繼續生活在我們留給他們的星球上。

他們的人生哲理簡單扼要。經驗讓他們可以了解簡單陳述背後的深遠意義，例如「你需要的只是愛」、「以眼還眼，會讓整個世界變得盲目」及「你希望別人怎麼待你，你就怎麼待人」。

自私自利跑哪兒去了？

靈魂在這趟旅程中，如我先前所述，會從自私自利蛻變為利他主義：能無私地關懷其他人的福祉。

讓我問個問題：那個自私自利的特質怎麼了？換言之，它跑到哪兒去了？

我會在這本書的最後回答這個問題。

了解你的靈魂年齡

目前我們已經探索了十個年齡層級，接下來就來了解一下你的靈魂屬於第幾級。

先從進入冥想開始（你可以參考引言的「簡單的冥想技巧」），然後召請你的指導靈，請祂們協助你了解你的靈魂年齡。

利用下面十項簡短的描述，幫助自己回想每一級的重點爲何。別思考太久，信任你的直覺！

一級：孤立、恐懼、單純、不世故
二級：基本教義、國家主義、保守主義、歧視
三級：教派、社群、保守主義、順從
四級：宗教、充滿志向、道德觀、保守主義
五級：雄心壯志、實利主義、權勢、主流觀點
六級：和諧、社會正義、戲劇性、自我質疑
七級：複雜、好奇、創造力、感情豐沛
八級：老練、自由主義、重視環境保護、行動主義

九級：靈性、自我改善、療癒、理想主義

十級：利他主義、連結、古怪、缺乏活力

靈魂年齡：＿＿＿＿＿＿＿＿

請你的指導靈協助你了解你的靈魂年齡，重複以下句子：「我在此召請我的因果層指導靈，以我的最高利益爲主，協助我了解我的靈魂年齡，讓我得以過我的靈魂想要過的人生。」

完成之後，感謝指導靈的協助，並告訴祂們：「問事結束」。

靈魂年齡對於你如何看待這世界有極其深遠的影響。不管你今世究竟幾歲，**影響信念與行為最大的其實是你靈魂的經驗**。

除了靈魂年齡，「你是誰」對你的影響顯然也很大。

這就是爲什麼接下來我們要走一趟回顧之旅，去探索究竟是什麼讓我們彼此有著奇妙的差異，並讓每個人都帶著屬於自己的個性出生到這個世界。

第三章 接受之門

第二門課 靈魂類型：你個性的核心

智人在被賦予靈魂（ensoulment）之前，對其周遭的世界所知甚少。他們居住在部落裡，有著類似大猩猩一般的社會結構，在這樣的環境下，日復一日地過著幾乎一成不變的生活。

——作者的因果層指導靈

有人宣稱嬰兒出生時就像張白紙一樣純潔，事實上根本找不到這種例子。嬰兒一出生就擁有自己的個性，有些嬰兒安靜溫和；有些嬰兒就算只是換個尿布，也像是在打仗一樣。有些嬰兒非常黏人，父母帶得很辛苦；有些嬰兒即使沒人陪也能自得其樂。

原因在於，**每個人都會帶著完整的性格出生到這個世界**。只不過，從我們呱呱墜地的那一剎那起，周遭的每一個人都會試圖改變我們。即使是爲你好的父母，都免不了依照自己的意思想把你塑造成特定的樣子。

敏感愛哭的男孩會被教導要強悍一點；支配欲強的女孩會被灌輸，一個「好女孩」不應該如此。不想失去爸媽的疼愛，他們只能選擇成爲沒有眞正自我的人。

長大之後，靈魂性格將會深埋在父母的期望底下，成爲其他人所期望的樣子。

接受之門將引領你來到一個能讓你重拾天生性格的地方，揭開個性的本源，也就是你的靈魂類型。

這麼做可以幫助你完全接納自己，找到內心的平靜與自信。你會知道什麼對你最好，做出正確抉擇。

闌尾的作用

我們祖先的飲食裡往往夾雜著許多砂石、骨頭及軟骨等。幸好，他們有功能完善的闌尾，能幫忙分解掉大腸裡的阻塞物。

爲了幫助你了解性格的根源，這一趟探索之旅會先回溯到五萬五千多年前，當智人獲得靈魂的那時候。

在那之前，遠古時期的人類生活既晦暗又單調。發展的步伐非常緩慢，每個世代看起來幾乎都一模一樣。

當時的人類住在由數百人群聚的部落裡，部落不僅提供人類必要的保護，也確保他們能生生不息地繁衍下去。嬰兒死亡率相當高，活超過三十歲的機率微乎其微。

雖然我們知道如何烹煮食物，卻仍深受寄生蟲及其他食源性疾病所苦。問題就出在烹煮時間不規律、食物沒煮熟，所以人們經常吃到腐壞和沒有妥善處理的肉。於是，就像現代一樣，許多人都罹患了關節炎及心臟疾病。

人們滿腦子關心的只是如何生存：取得足夠食物、避開野生動物。人們有火，不至於挨餓受凍，也可以保護我們免受野生動物的侵害。數千年之後，我們學會使用非常簡單的石製工具。

然後，在某一個世代，有一件徹底改變人類的大事發生了。那個過程被稱爲「賦予靈魂」，每一個人類都有了靈魂。

自此往後，我們再也不同於以往了。

講到這裡，我想打個岔。很多人會問我「小動物有靈魂嗎？」、「地球上還有其他物種擁有靈魂嗎？」等諸如此類的問題。

答案是「有」。但是，爲了了解小動物跟你的差異，你多少得知道一點意識的本質是什麼。

在肉身層裡，存在三種不同的意識階層。**第一意識階層的生物幾乎全憑直覺行事**。例如，老鼠其實清楚知道牠是活的，但是牠做選擇的能力卻相當有限。牠的一舉一動跳脫不開老鼠的本能。

蜜蜂也是全憑直覺的，因此完全沒有創意與思考的能力。遇到危險狀況，牠會憑直覺螫咬下去，一點也不會去思考螫下去之後，自己及不幸被螫的人會面臨什麼後果。

第二意識階層是像貓狗及其他大型哺乳動物。**牠們多半有某種程度的選擇能力，能權衡特定選項、做出結論**。如果下雨，貓可以決定是要出去覓食、還是留在室內。當動物能夠做出這類的決定時，即展現了較高階層的意識。

擁有第三意識階層的生物包括人類、鯨目動物（鯨、海豚等），**我們具備做出複雜選擇的能力**。

第二階層的小動物即使被帶到第三階層的環境生活，其意識也無法提升至第三階層。無論我們如何幫助貓狗們，牠們永遠還是無法閱讀。而第三意識階層的生物則可以透過學習，擁有處理複雜任務的技能。

第一及第二意識階層的生物由牠們所屬的特定物種的集體意識來引導，這種集體意識存在於靈魂層，好方便指導牠們。

我的指導靈使用「賦予靈魂」一詞來描述從第二意識階層提升到第三意識階層的過程。這正是五萬五千多年前發生在我們人類身上的事。

宇宙中有這麼多靈魂、這麼多可選擇的物種，爲什麼靈魂選擇了人類？而不是大猩猩，或是和我們共同生存超過十萬多年之久的近親尼安德塔人(Neanderthal)？

以下是人類獲得靈魂青睞的其中幾點特質：

- 數量龐大，有很高的機會長期存活。
- 平均壽命長。
- 擁有可以說話的舌與顎。
- 腦容量較大，有成長潛力。
- 有用腳行走的能力，可以騰出雙手做其他事。
- 具備成爲好獵人的敏捷度。

- 三維的視覺。
- 有可以跟其他手指相對的拇指，方便握物。

人類被賦予靈魂的當時，的確也沒什麼可以競爭的物種。尼安德塔人身強體壯，擁有許多和我們一樣的能力。可以製造工具、可以做初步的溝通。當時的資源非常充裕，人類和尼安德塔人鮮少需要爲了爭奪什麼而競爭。可惜的是，尼安德塔人深受一種類似我們熟知的披衣菌（Chlamydia）疾病所苦。從三萬多年前開始，這項疾病引發的不孕症副作用，開始導致尼安德塔人走向滅絕。

靈魂究竟爲人類做了哪些事呢？以下是人類擁有靈魂之後最重大的幾項發展：

- 抽象思考力
- 信仰
- 了解符號與隱喻的能力
- 好奇心
- 使用新的學習方法
- 解決問題的能力

- 很多不同的情緒
- 想像力
- 創造力
- 幽默感

人類一旦有了靈魂，就可以抽象思考，而這項能力正是激發人類進化浪潮的那股力量。自此之後，我們就把其他靈長類遠遠抛在後頭了。我們學習正確的烹調方式、建造遮風避雨的場所，並學會利用石頭以外的材料，諸如骨頭、動物犄角及木頭等來製作更精良的工具。改良的武器讓我們的打獵技巧更爲精進，進而可以取得更多食物。有了較好的營養及免受惡劣環境危害，人類的健康獲得了改善，壽命也增長了。那段時日，生育能力的提升讓人口急遽增加。

人口暴增正合靈魂的本意。地球上的人口愈多，我們存活下來形成一個物種的可能性就愈高，如此一來，靈魂學習做爲一個人的機會也就愈大。

從我們如何學習，可以明顯看出靈魂賦予人類的改變。我們會從自己所犯的錯誤、從觀察別人的錯誤、和從過去的經驗中學習。

我們的孩子也開始從玩耍中學習。這是件很重要的正經事，他們在遊戲中學到了如何生存，而不光是玩樂而已。

想像你看到一個孩子匍匐爬行、發出像小豬一樣呼嚕呼嚕的聲響，另一個孩子則揮舞著一根棒子向前衝刺。我們幾乎立即就會明白，前頭的孩子在假裝自己是隻動物，而後頭的那個孩子則假裝自己是個獵人。但是，這種奇怪的行爲在未被賦予靈魂的人類看來，卻一點意義也沒有。他們眼中所見的，就只是一個揮舞著棒子的孩子和一個匍匐爬行的孩子，如此而已。因爲他們缺少了賦予靈魂之後的人類最顯著的特質之一：了解隱喻的能力。

因爲能夠了解隱喻，才會出現了洞穴壁畫。這意味著，他們能夠把洞穴裡一幅平面的圖畫與外頭一隻活生生的動物做聯想。也因爲這樣，人類可以跟孩子說寓言故事：富含隱喻的故事。

靈魂還帶給人類一些其他的東西：想像、期望及預測的能力。運用這些能力，我們可以在製作東西之前先把它畫出來，學會在下雨之前先找到地方躲避，並知道冬天過後春天會來臨。

以前人類不知道妒忌是何物。但是有了靈魂之後，我們突然有了比較、對照的能力。有了這種能力，我們開始看見自己與其他人的相似及相異之處。

比較、對照會更進一步誘發怨懟、妒忌、優越感、傲慢、自尊心不足、卑微，還有一堆我們從未有過的情緒。但是，這也讓我們擁有更強烈的個人意識（或獨立意識），賦予我們不同的人格特質，讓我們之所以爲我們。

破天荒第一次，人們分配工作是依據個人能力、而不再是依性別和年齡。部落裡，有些人顯然能成爲優秀的獵人，有些人卻連拿著矛保護自己都做不到。逐漸地，那些無法持矛打獵的人便被分派去扛水、照顧火苗等。

過去，人類部落向來由男性主導，如今，我們期待領導人具備的不僅僅是蠻力而已。力氣仍舊很重要，但是勇氣與智慧也一樣被視爲是值得尊敬的特質。

我們總是不斷在我們當中尋找那些天生具備領導能力的人。約翰．甘迺迪 (John F. Kenedy) 是名符其實的部落領導人，只不過他所領導的部落擁有將近兩億的人口。

雖然獵人不再需要四處擲矛獵殺長毛象，卻仍保有獵人的特質：任務導向、積極活躍。

在我們這個現代部落裡，藝術家還是負責能感動人類心靈的創意。多數現代視覺藝術家的靈性，其實都是承襲自古代那些運用天然顏料及木炭在洞穴牆上作畫的創意天才們。以史蒂芬．史匹柏 (Steven Spielberg) 來說，他透過電影來表現自己的創意，無異是一位現代的洞穴壁畫家。

理性的創造物

靈魂有十種類型，每一種類型皆是依他們在原始部落裡的目的予以命名。我們每個人都會有一個核心靈魂類型，可以清楚說明我們是怎樣的人，不過，另外九種當中的兩種類型對我們也有影響。

每次重新轉世投胎時，你的靈魂類型可能都會改變，不過，你通常會有自己最偏愛、也就是最情有獨鍾的一個類型。我們多數人都會從自己感到最自在的三種當中抉擇其一。而這也是一個靈魂連續好幾輩子都在探索諸如教學或創造等主題的原因之一。

十種靈魂類型

- 助人者類型 (helper)
- 照護者類型 (caregiver)
- 教育者類型 (educator)
- 思考者類型 (thinker)
- 創造者類型 (creator)

- 表演者類型 (performer)
- 狩獵者類型 (hunter)
- 領導者類型 (leader)
- 心靈者類型 (spiritualist)
- 改革者類型 (transformer)

雖然你的靈魂類型是你之所以是你最重要的一環，但另外的「影響力」則會影響你個性的展現。

靈魂類型影響力

- 靈魂類型：行爲加上特質
- 主要影響力：行爲
- 次要影響力：特質

每個靈魂類型都有其相對應的行爲與特質。如果你屬於創造者類型，那麼相對應的行爲就是創造力，最強烈的特質則是敏感與理想主義。

如果你的主要影響力是思考者類型，你會有思考者類型的行爲，而不是特質。你將善於分析且希望累積知識，但卻缺乏思考者的特質（拘束）。

如果你的次要影響力是表演者類型，那麼你會有表演者類型的熱情特質，而不是行爲，你不大可能會有成爲百老匯大明星的強烈渴望。

遵循你靈魂的指導，你便能獲得與靈魂類型相對應的機會。這麼做，你才能展現眞正的自己，避免陷入危險之中。危險之所以降臨，每每是因爲忽略靈魂的影響所致。

在問事過程中，我總希望能找出問事者的核心靈魂類型及兩種影響力，以便更清楚了解事情的完整面貌。我知道，這可能對你要求太多了。如果你可以發現你的核心靈魂類型及一種影響力，就算做得很好了。但如果你勇於冒險，就試著把次要影響力也一併找出來吧。

現在，就讓我們開始探究這十種基本的靈魂類型。

助人者類型

- ✔ 機會：服務 (service)
- ✖ 危險：順服 (submission)

當艾瑪來到我辦公室時，眼淚幾乎快掉下來了。「我覺得整個人快崩潰了。」她告訴我。

原來，她剛剛同意幫忙挨家挨戶分送五百份廣告傳單，只不過她的正職工作加上義工工作已經讓她挪不出任何時間來做這件事了。

「我無法拒絕別人。」她說。

我一點兒都不感到訝異。艾瑪屬於助人者類型，想要幫助其他人的欲望發自她的靈魂深處。很顯然她擁有一個年長的靈魂，正在努力對抗危險對她的不良影響。助人者類型的危險便是順服。我告訴她，她不是唯一如此的，世上多的是和她一樣的人，總是身不由己讓自己陷入這樣的窘困狀況之中。

「我老是這樣，」她嘆了口氣：「不管是在教堂插花、或幫別人照顧狗狗，我總是對別人的請託來者不拒。」

像艾瑪這種助人者類型的人需要有人或事讓她可以服務。不管身處任何領域，這類人都可以兼顧相當多的工作。醫療、科學領域到處都有這類型的人，警衛、店員也多半是屬於這一類型。意外事故現場的緊急救難團隊所有人也很可能是屬於助人者類型。

助人者類型覺得什麼都不奇怪，不會大驚小怪，能為世界帶來穩定的力量。他們四平八穩、刻苦耐勞，對於自己的工作從不會抱怨。

與生俱來的奉獻精神能讓他們專心從事任何一項工作。他們的堅忍就是背後的動力，支撐他們數十年如一日投入一份乏人感激的工作，也讓他們能夠爲自己從未告過病假而備感驕傲。

可惜，有些人會藉機占這類型的人的便宜。你想，有誰會去做一份沒有人願意做的工作？當然是助人者類型的人囉。

但是，艾瑪該怎麼辦呢？她要如何解決問題呢？她得認清這點：**讓自己陷入來自四面八方的請託，她最後誰也幫不了**。她留給家人及自己的時間少之又少，允諾的工作也無法做到令人滿意，連她自己都看得出來。

問事結束時，艾瑪接受了指導，她爲自己訂出一條助人的界線，並自問，**之所以接下任務是因為她真心想去做**、**還是因為壓力不得不接受**。

她要離開時，我忍不住逗她：「我有兩百份信封得趕在明天早上之前寫好地址、寄出去，」我說：「妳可以幫我這個忙嗎？」

艾瑪看看我，囁嚅地說：「我……呃……喔，好啦，或許……」然後，她突然意識到我是在開玩笑。「我是說，不！絕對不！門都沒有！」她勇敢地說。

我抱抱她，說：「做得好！」

照護者類型

✔機會：撫育 (nurture)

✖危險：忽略自己 (self-neglect)

照護者類型人如其名，是爲了撫育、照顧其他人而來此的。他們會是善盡職守的父母、護士、保姆及看護，到最後甚至可能會一肩扛起照料某個老病親人的責任。對照顧者類型而言，他們很少對這類工作感到不耐，因爲這是發自靈魂深處的眞性情。

我問在幼稚園當老師的珍，一直以來她是否都了解自己擁有撫育、照顧他人的這項特質。她說：「我從小對動物就很有興趣、會去照顧牠們。不過，我是一直到快三十歲，開始照顧領養來的孩子、也生了自己的孩子以後，才眞的恍然大悟。」

「在那之後，我完全接受眞正的自己。我體悟到，我是一個甘心付出的人，很有同理心、對別人的需求也很敏感。」

「所有時間都花在照顧別人，你是否有因此忽略自己的需求呢？」我問。

「會喔，」她說：「我往往忙著打點別人的事，把自己想做的一些事給犧牲掉了。」

忠實是照護者類型最大的機會之一，因此我問她這樣有沒有關係。

好好照顧你自己

有時候，當我和那些忙著照顧別人、卻忘了自己的人聊天時，我的指導靈會讓我看看這幅景況：氧氣罩（搭飛機時，空服員在起飛前做安全示範的那一種氧氣罩）。

當空服員告訴你先幫自己帶上氧氣罩，再幫你的孩子時，她要表達的意思是，如果你無法讓自己保持良好的狀態，對於那些仰仗你的人而言，你是幫不上忙的。我的指導靈藉此想說明的是：這類型的人得更好好照顧自己。

珍想都不想便回答：「我是你最好的朋友，」她說：「我會一路陪著你，不會變心，這些年來，我也常常爲了照顧其他朋友而努力。」

「妳覺得在幼稚園當老師這份工作如何？」

「我覺得很好啊，我很善盡職守，也不曾想過要做其他工作。」

我認識珍五年了，覺得天生就是吃那行飯的人實在不多，她很幸運能找到適合的工作，她的學生也很幸運能有這樣的老師，她對他們的影響會持續一輩子。

大部分照護者類型都是女性，因爲在多數文化裡，女性比男性更能彰顯撫育他人這項機會。照護者類型往往把他人的需求放在自己的需求之上，容易忽略自身的興趣，這是他們可能的危險。不過當這股出自靈魂的欲望讓他們從照顧別人當中實現自我、獲得滿足時，這樣的危險實在很難避免。

教育者類型

✔ 機會：教導 (teaching)

✖ 危險：嘮叨 (verbosity)

許多教育者類型都是老師或教授，他們多半喜歡待在學校等與學習有關的地方，好讓他們可以與其他教育者齊聚一堂。他們大多鑽研自己熟悉的主題，而且天生是傳遞訊息的高手，總能把自己的知識傳授給學生們。

教導是教育者類型的機會，也是他們的中心思想，所以他們是優秀的資訊傳播者。換言之，「沒本事的人，就去教書。」這句話對教育者類型的人來說，絕對是一種侮辱，因爲，**他們的目的不是要成為什麼領域的專家，而是希望把他們的智慧傳承下去，**而那通常是幾世輪迴所累積下來的智慧。

布萊恩即將完成四年的設計課程。在父母心目中，他有著大好前程。他們希望他在電視或電影產業找到一份有挑戰性的工作。但是，布萊恩有這樣的野心嗎？

完全沒有。布萊恩只想要教書。對他而言，教學是一份崇高的職業；但對他父母而言，那只是退而求其次的選項。在我的指導靈看來，這完全符合布萊恩的靈魂對他此世的人生規劃。

問事過程中，多半是布萊恩在說話，他甚至借了紙筆，畫圖解說他的某些觀點。過了一會兒，我開玩笑地說：「你真的需要替自己找到一群學生！」

布萊恩同意：「從小我就一直想要教書。我經常望著我的老師，想像自己是他。我愛待在教室裡，我看我大概是唯一不想離開學校的學生。」

教育者類型的危險是嘮叨，有時候他們的談話讓人覺得累牘連篇。只要給他們一個可以傳道、授業、解惑的場域（不見得是正式的教室），他們就有了一個管道，可以宣洩自己傳播知識的熱情。不然，他們很可能會隨便抓一個身旁的人來當學生、大肆嘮叨一番。事實上，我辦公室裡就找得到這種人。

思考者類型

✔機會：知識 (knowledge)

✖危險：空談 (theory)

你是否曾在大家聚餐時，發現某個人正悄悄打量著在座的每一個人？那個人若不是思考者類型，也一定潛伏著強烈的思考者影響力。思考者類型的人會去觀察、分析這個世界，並且從中學習。因此，你總覺得他們腦袋裡不知道裝了些什麼東西、深不可測。

思考者的特質之一是懷疑。你很難向他們推銷偏方之類的東西，他們非常謹慎，絕對會先把包裝上的標籤徹底研究一番。

他們常常會鉅細靡遺地分析一件事情，結果反而無法下定決心。他們可能會花許多時間規劃一趟夏季旅遊，卻遲遲未能付諸行動。

思考者的拘束

你能想到一位優秀學者卻是個情緒化、喜怒形於色的人嗎？應該沒有吧。典型的學者都是思考者類型的人，他們往往比較內斂，習慣把情緒隱藏起來。

當有人來到我辦公室，坐在我面前並問：「你介意我做筆記嗎？」我幾乎可以肯定他應該就是思考者類型。

多數思考者好追求理論（畢竟，他們的機會是累積知識）。菁恩是一名景觀設計師，不過，由於潛伏著強烈的表演者影響力，她看起來、或做起事來一點兒也不像是典型的思考者。她來到我辦公室時，沒有帶筆記型電腦。因此，當我的指導靈告知我她是屬於思考者類型時，我以爲祂們搞錯了。思考者肯定愛書成癡，於是我問她是否大量閱讀。

「喔，是的。」她說：「一年大約要讀三百五十本至四百本呢！」

「也就是說一天看超過一本！」我說：「妳是怎麼辦到的？」

「我睡覺時間不多。」她開玩笑地說。然後她想了想才認眞回答我的問題：「我能很快地吸收，我是整段整段瀏覽，不是逐字逐行閱讀。我很愛翻開書、聞一聞、摸一摸它。」她說：「對我來說，閱讀是一種感官上的享受。」

思考者與書

熱愛閱讀是多數思考者共有的特徵，但是我不時會遇到一些例外狀況。曾經一週內連續兩次在問事時遇到不閱讀的思考者之後，我的指導靈指出，思考者不見得都愛閱讀，但是每位思考者都愛思考。

所有思考者都必須戒愼，避免讓自己成爲空談理論、卻脫離現實的專家。有些人誤以爲讀過與火山相關的書，就等於看過眞正的火山了。

創造者類型

- ✔ 機會：創造力 (creativity)
- ✖ 危險：分心 (distraction)

創造者類型總是一隻腳踩在這一層，另一隻腳踩在下一層，讓人覺得他們彷彿不屬於這個世界。世人多半會認爲他們不切實際，好像那是種過錯。事實上，那只是他們之所以成爲他們的特質之一。

在藝術學院、舞蹈學院、搖滾樂團，以及一些能讓他們充分發揮創造力（機會）的地方，處處可見創造者類型的人。優秀的工程師與建築師也是這類型的人，他們喜歡從事能讓他們無中生有的職業。

創意邏輯

英國數學家安德魯·懷爾斯 (Andrew Wiles) 運用他思考者靈魂特有的邏輯性心

智，解開了三百多年來一直困擾許多偉大數學家的「費馬最後定理 (Fermat's last theorem)」。而他得以成就這個不凡的發現還有賴一個神祕力量：創造者靈魂影響力讓他得以圖像化思考。

創造者影響力也會讓思考者在思想領域上有長足進步，可以說是猶太裔理論物理學家愛因斯坦、匈牙利物理學家吉拉德 (Leo Szilard)、美國天文學家兼作家卡爾·沙根 (Carl Sagan) 及美國物理學家理察·費曼 (Richard Feynman) 成功的關鍵。

詹姆士是一家軟體公司的主管，他向我抱怨他的職業不適合他。我的指導靈告訴我幾件事，其一是，他屬於創造者類型，很有繪畫天分，前世是一位才華洋溢的畫家。當我這麼告訴他時，他說：「我好愛畫畫，我每天都會想畫點什麼。」我的指導靈補充說，他缺乏自信，但是其他人都看得出來他有多優秀。他說：「就在昨天，我太太告訴我，如果她能畫得像我一樣，她肯定會把畫拿去畫廊賣。」

嗅覺能幫助許多人與前世連結，尤其是高度敏感的創造者類型，這就是爲什麼香料或花朵的味道可以觸動某種情緒反應的原因之一。我的指導靈告訴我，詹姆士以油彩作畫，讓他得以自在地與過去身爲畫家的那幾世連結。當我告訴詹姆士，吸引他選擇油畫這個表現方式的正是氣味，而不是任何其他東西時，他說：「一點兒也沒錯，完全正確！」

詹姆士開始投入更多時間於他的藝術創作。我的指導靈表示，潛藏在他靈魂深處的創造力正掙扎著想要脫殼而出。如果他能找到一份讓他的創造力有更大發揮空間的工作，未來的生活會快樂許多。

許多運動員及舞者都屬於創造者類型，他們運用身體表現自己。有時候，數學家及科學家會選擇（在轉世之前）創造者影響力幫助他們與靈魂世界連結，善加運用靈魂世界所提供的靈感。

創造者的理想主義

理想主義通常被認為是一種缺點，但是創造者會運用這項特質來觀察某項需求或潛能，然後努力填滿這個缺口。創造者是夢想家、也是藝術家，他們著眼於整體、而不是細節。因此，他們通常會避開瑣碎雜事，那會令他們感到極其無聊。

創造者在成長過程中最常聽到的話是：「你太敏感了。」如果父母及老師的話可以替換成「你的敏銳度很高，太棒了！」，創造者會對自己更有信心。

這些極具想像力的靈魂容易掉入心不在焉的危險。靈魂較年長的創造者容易穿錯襪子、或穿著標籤還沒剪掉的外套趴趴走。一般人印象中的健忘教授就是創造者類型（或是帶有創造者影響力的思考者）。偶爾出神一下沒什麼大礙（有創意的人必須作夢），但也要記得不時與肉身層保持聯繫。

表演者類型

✔機會：傳播 (communication)

✖危險：做作 (pretension)

表演者類型最具代表性的人物就是演員金．凱瑞 (Jim Carrey)、貝蒂．米勒 (Bette Midler)、艾迪．墨菲 (Eddie Murphy)、羅賓．威廉斯 (Robin Williams) 等。我們很難想像這些人若是離開銀幕、離開觀眾，還能從事什麼工作。

表演者在聚光燈下從容自在，通常能夠贏得他們所渴望的注意力。某位表演者類型的問事者告訴我，她曾在七歲時站上一張椅子，高舉著雙臂宣布：「我要成為世界上最偉大的演員！」

如果你有一個表演者類型的孩子，你會發現，他們不會乖乖照別人說的去做，而是把每件事當成遊戲一樣。表演者喜歡玩耍、嬉鬧，只要是有趣的事他們都會有熱忱去試試。

他們比其他任何類型都更需要喝采，不管是透過文字表達、擁抱、或是深情流露的感激都好。他們不會吝嗇給予讚美，就盼能獲得他人同樣的回報。如果你曾經在表演結束後造訪後台，就會懂得我的意思。同樣地，在這些地方，你可能也會看到表演者類型的危險，也就是矯揉做作，或下不了戲、回不到現實世界中的自己。

在這年輕靈魂的世界裡，表演者就像創造者一樣是被貶抑的。人們或許以爲他們令眾生傾倒，因爲他們之中有多少人登上八卦報的頭版啊；但我們看到的其實比較多是年輕靈魂的追星行徑。

在現實世界裡，表演者類型若想靠傳統的傳媒產業與藝人的職業維生，往往會遇到許多困難，因此，他們有時候得把自己的才能運用到其他領域。例如，對那些需要觀眾的人而言，訴訟律師就是個相當不錯的職業。

綺芮爾在一家大型書店工作。當我在問事過程中發現她是一名表演者類型的人時，我說：「妳應該當個演員。」

她突然哭了起來，哽咽地說：「那正是我夢寐以求的！」

問題是，父母並不鼓勵她這麼做。他們認爲，這種職業的收入不穩定、有一餐沒一餐，最後只會以失望收場。

在我的指導靈鼓勵之下，綺芮爾開始上些表演課程，同時繼續從事原先那份適合她的工作，幸好她具備強烈的思考者影響力。

聖誕禮物

問事過程中，我的指導靈問綺芮爾聖誕節希望收到什麼禮物，她笑著說：「我和女性友人們前幾天才聊到這個問題呢。我告訴她們，我要一個男朋友。」

我的指導靈向她保證她會如願以償的。二月初時，我收到綺芮爾寄來的電子郵件，她說她在公司聖誕派對上遇到一名男子，從那時起一直交往至今。

表演者類型有時候會忘了自己並不是站在舞台上。你或許會和他們分享私密的事，但他們一轉頭就高分貝地把祕密公諸於世，爲的只是要確保自己擁有很多聽眾。

表演者充滿熱情，比其他類型的人更願意把自己的情緒表露在外。傳播是他們的機會，對他們很重要。如果你有一個表演者類型的孩子，當他們試圖跟你說些什麼、而你卻沒予以理會，他們可能就會抓狂。

狩獵者類型

✔ 機會：活躍 (activity)
✖ 危險：執拗 (inflexibility)

俗話說，壞蛋總是逃不出騎警的手掌心。如果他是屬於狩獵者類型，決心是他最強烈的特質之一，於是這就不足爲奇了。此靈魂類型做事積極、任務導向，非常務實。

如果一位女性屬於狩獵者類型，或是潛伏著強烈的狩獵者影響力，她就會是一個充滿幹勁的人，而這股幹勁會是她在男性主導的世界裡成功的助力。

依蓮的靈魂年齡已達到第十級，直到最近，她一直都是擔任公設辯護律師。她的靈魂類型屬於思考者，就像許多思考者一樣，當我問她問題時，她總是停頓一下才回答，以便讓自己有時間整理思緒，再決定怎麼回答。

她善於分析、溫文且幽默。然而，在她謙遜的外表下，卻暗藏著一項祕密武器：非常強烈的狩獵者影響力。

當我看出她有這項影響力時，我說：「妳是外柔內剛！我敢說，妳一旦掌握任何事證，絕對不會輕易放手。妳一定會讓與妳交手的檢察官倒退好幾步。」

依蓮微微一笑，「他們都叫我牛頭犬，」她說：「在地方法院，我可以連續幾個月沒有任何敗績。我一向是爲了維護正義幫當事人辯護，我覺得自己對當事人負有極大的責任。」

「我把大多數當事人都看成自己的親人。檢察官會開玩笑說我愛他們，我也的確認爲如此。我對當事人的尊重更甚於對多數的法官及檢察官。」

歸功於她的狩獵者影響力及年長靈魂特有的感受力，依蓮才能堅決爲受害的當事人奮戰到底。雖然目前退休了，社會責任感卻把她帶往了喬治亞州，她計畫像漢尼西姊妹修女們一樣，投入餘生來對抗美洲學校裡的教授酷刑。

狩獵者可以孤軍奮戰，也能團隊合作，都一樣自在。他們特別喜愛足球這類運動，在這種規則、目標明確的活動裡，他們可以加入其他狩獵者，一起享受比賽時追逐的那種刺激。**狩獵者極度崇尚競爭，也喜歡贏**。

他們會努力工作、養活一家人，一如五萬五千年前的獵人。在那段時期，他們的狩獵技巧攸關部落存續。而他們的成功、甚至性命則仰仗於同伴，所以紀律與忠誠是最基本的操守。現代狩獵者仍然保有這項特質。

如此目標導向，讓狩獵者非常容易面臨執拗的危險：「我從出生到現在一直都是這麼做，不會改變的。」

狩獵者的機會是積極活躍。電影裡，當我們看到一名警察被上司大吼：「你給我離這案子愈遠愈好。」然後派給他一份坐辦公桌的工作，我們想都不必想就知道他一定是屬於狩獵者類型。

領導者類型

✓ 機會：權威 (authority)

✗ 危險：不妥協 (intransigence)

領導者類型相當罕見，不過，這些關鍵少數往往大有所爲。他們通常會選擇較高大的身形，做爲自己生命計畫的一環。這類身形可以使他們鶴立雞群，然而，不管身形大小，他們天生具備的魅力與權威（機會）自然會使他們出類拔萃。

領導者類型通常從小就展現領導特質，他們身旁常圍繞著一群朋友，而同伴也很清楚他是頭頭、不是小嘍囉。這樣的情形會一直持續到他們長大成人。

領導者不習慣受人指揮、也不會擔任沒有威權的職務。不意外地，這類型人最常遇到的危險就是不妥協，也就是不願意接受別人的忠告。

許多領導者類型的父母也會養育出領導者類型的孩子，這是因爲父母以身作則，教導子女如何運用權力，領導者類型一定會這麼做，只是成功機率不穩定罷了。

一九七五年某個夜晚，麥克的父親要他坐下，並告訴他自己將永遠離家不再回來了。「當他告訴我時，時間好像停滯了一樣，我的靈魂似乎也脫離了身體，」麥克說：「我知道，我的人生已經徹底改變，不能回頭了。」

那晚，十一歲的麥克看著鏡子裡的自己說：「就是這樣，你的童年結束了。」從那時候起，他被迫成爲一位領導者，就像他的父親及祖父一樣。

「發生在我身上的事也如出一轍地在我父親身上發生過，」麥克說：「我祖父嚴重酗酒，後來離開了家。我父親當時才八歲就被迫成爲家中的支柱，負起領導之責。他必須照顧病弱的哥哥及年幼的妹妹。」

「我則得照顧媽媽和兩個姊妹。媽媽的情緒徹底崩潰，我知道她們都仰賴我，我不能讓她們失望。」他說。

這世界的領袖

靈魂年齡較年輕的領導者深受企業世界所吸引（領導者靈魂通常選擇高大的肉體身形，所以企業執行長通常比一般人高大），但是隨著靈魂年齡漸長，領導者不再有如此刻意施展自己權力的需要。

像許多領導者類型的人一樣，麥克身高超過一百八十三公分；像許多領導者類型的人一樣，他有一位屬於領導者類型的父親可以效仿。父親傑克是美國足球聯盟傑出的四分衛，身高一百九十幾公分。

麥克也擅長運動。「我相信幫助我度過這段艱辛歲月的是籃球與教堂。」他說。除此之外，還有一些別的：「在父親離開之後，我記得有時候會聽見一道聲音要我堅持下去，不知道爲什麼，無論遇到什麼狀況我就是信任那個聲音。逆境總是多過順境，我們當時經歷了很多難關。」

麥克和父親之間的心結在過去幾年淡化很多。「我從不怨恨他。我知道，如果心中一直存有怨懟，我就永遠無法往前走。如今，父親因爲癌症去逝了，我見識到他的童年如何影響了他。過去幾年去探視他、和他聊天，他在提及往事時總對自己的行爲後悔萬分，尤其是因爲無法信任別人而失去的機會。我說：『爸，你總是必須去扮演發號施令的角色，那對一個小男孩而言，責任實在太過沉重了。』他聽了只是緊握著我的手，淚流滿面。」

許多領導者發現，自己根本無法順服於任何人，想像一下史恩・康納萊（Sean Connery）或貓王在麥當勞拋漢堡的景象吧。我問麥克，對他而言，在工作上身爲一位領導人的感覺是什麼。

「權力來自於爲相同目標奮鬥的每一個人，」他說：「我喜歡和大家一起合作，但是一旦共識形成之後，我便想要取得主導權！」

當麥克這麼說時，一切再清楚不過了：有其父必有其子。

心靈者類型

- 機會：改善（improvement）
- 危險：著迷（obsession）

我有一些屬於心靈者類型的問事者，他們可說是最有慈悲心的人了。他們四周總是充滿超脫塵俗的氛圍。就像創造者類型一樣，他們會發現自己一腳踩在這個世界，另一隻腳踩在靈魂世界。

當靈魂年齡還年輕時，他們會受吸引成爲教士、僧侶這類人，但是隨著靈魂年齡漸長，他們對宗教不再那麼熱衷，而會更重視靈性。因此，他們得爲自己的靈性尋找一個出口。

心靈者類型的機會是改善。他們想要幫助別人發揮潛能，以及實現自己靈魂所安排的生命計畫，這一點他們自己不見得會意識到。這正是爲什麼他們能對其他人產生重大影響的原因，即使已經離開人世了，影響力依舊存在。

露薏絲是靈魂年齡較長的心靈者類型，當她過世時，她家人邀請我出席葬禮，之後則在照護中心舉行招待會，露薏絲在那裡投入了人生最後幾年的時光。

不僅露薏絲屬於心靈者類型，她的媳婦席拉及四歲大的孫女露西也都是。這三代擁有一個共同點：與靈魂世界有著強烈的連結。尤其是露西，她未來極可能成爲一位靈媒。

直到看見照護中心空蕩蕩的房間，露西終於意識到祖母不在了。她整個人崩潰，無法自己地啜泣著。

幾天之後，露西的媽媽打電話給我，她想跟我說說那天她們回家後發生的事。

露西上床睡覺時還是非常難過，所以跑去和爸爸、媽媽一起睡。清晨時分，席拉以爲自己聽到什麼聲音而醒過來。在眼睛逐漸適應黑暗之後，她看見露西還躺在她身旁。四周一片寂靜，席拉以爲自己剛才聽錯了。隨後，露西突然說話了，「我想我了解。」她說。席拉幾乎認不出露西的聲音，因爲那聲音聽起來很成熟、一本正經的樣子。

席拉慢慢意識到是她婆婆在房裡。「那看起來像是一道陰影，」她告訴我：「但是我可以清楚地看到她就站在床邊。」

席拉知道，露薏絲也在和她說話，但是彼此的溝通似乎並不是透過語言。席拉唯一能接受到的訊息就只是「愛、愛、愛、愛、愛……」。

不過，露西顯然聽到、理解到更多。她和祖母對話了數分鐘之久。席拉從露西的回答得知，婆婆是在跟露西解釋為什麼她必須離開她的身體，但是她會以靈的形態一直存在。露西用下面的話結束了她與祖母的溝通：「喔，現在我明白了……妳必須回家了。」

「然後，露薏絲開始往上升，超過了床的高度，」席拉說：「我看看露西，她的眼睛是睜開的，眼光一直追隨祖母升起、離開房間。」

隔天，露西開朗了許多。她和祖母之間的溝通讓她的心情變得愉悅。祖母回來向這個家庭裡的那位小小心靈者保證，她依舊在她們四周。

心靈者的價值觀

心靈者最常陷入的危險是：瘋迷地希望讓人們變得更好而難以自拔。就像眾所皆知的童子軍，他們可能會很熱心地協助你過馬路，就算你根本不是想過去那頭。

心靈者類型會想要讓這個世界更美好，並為人類療傷止痛。結果，他們往往會把自己悲天憫人及鼓舞人心的本質，運用在一些看似不相關的生活領域。

舉例而言，約翰．藍儂（John Lennon）便透過音樂展現自己。《幻想》(*Imagine*) 的歌詞是發自於一個靈魂年齡較年長的心靈者的肺腑之情。

改革者類型

- 機會：和諧 (unity)
- 危險：超脫世俗 (unworldliness)

改革者類型非常罕見。或許你一輩子都不會遇到一個，但他們的影響力卻是無遠弗屆。

他們的靈魂年齡都是屬於第十級，沒有例外。他們也同時結合了心靈者及領導者的特質。因此，他們擁有十足的魅力、悲天憫人的智慧，也有能力領導、鼓舞其他人。「我們所有人都是相連的」這種意識在改革者的心中最爲強烈。

改革者會努力超越幻象。正因爲如此，他們從來都不是實利主義者。

他們的目的是激發人們去改變。當人類的心性需要進一步提升時，他們便會帶著獨有的訊息來到這個地球。事實上，改革者顯示的跡象之一是，他們與其追隨者（他們向來會有一群追隨者）會帶來重大的社會、政治或心靈的轉變。

由於改革者擁有心靈者的特質，他們往往會以心靈語彙來表達自己。再加上他們都是年長的靈魂，他們傳達的訊息總不外乎和平、和諧（機會）、愛與平等。

改革者與年輕的靈魂

改革者會對現狀產生威脅，這並不是靈魂年齡較輕的政客及領導人所樂見的。因此，改革者遭監禁及暗殺的情事不時會發生。美國黑人民權運動領袖金恩博士及印度國父甘地都是因此被判監禁與遭到暗殺的改革者。

歷史上每一位改革者都非常能夠鼓舞人心，即使是靈魂年齡及靈魂類型接近改革者的人，在這方面也都能做得很好。南非前總統曼德拉 (Nelson Mandela) 及約翰・藍儂都是靈魂年齡屬於第十級、靈魂類型屬於心靈者且帶有領導者影響力的人（他們並非眞正的改革者），但是他們還是可以在這個世界上留下難以抹滅的痕跡。

改革者的危險是忽略自身安全。他們拒絕保鑣的保護或是可能離開安全區域，讓自己置身於險境。靈魂年齡已如此年長，意味著他們並不畏懼死亡。

我們已經看到了，每一種靈魂類型都有其機會與危險。若是你的房屋著火了，你會希望有一群強壯的狩獵者前來相助；若是你需要一位好的會計師，思考者類型、或是擁有思考者影響力的人會是你的最佳選擇。

在這個社會上，某些人格特質會比其他人格特質更容易得到賞識。**人們過於重視堅忍及務實，卻貶抑了敏感與靈性。然而，任何特質都有它的目的。**如果地球上每個人都既堅忍又務實，那我們要上哪去找藝術家及詩人呢？

如果有人因爲你不會做他們會做的事情而看不起你，記住，你也擁有他們所不及的能力。重要的是，要找出你與生俱來的強項與弱點。

接下來，就讓我們來了解你是誰，以及你帶了什麼樣的特質來到這個世界。

找出你的靈魂類型

先讓自己進入冥想狀態（參閱引言「簡單的冥想技巧」），召請你的指導靈，請求他們協助你了解你的靈魂類型，並利用以下表單提醒自己不同類型的靈魂有不同的焦點與特質。跟先前一樣，運用你的直覺。記住，這個練習的目的是要協助你了解自己究竟是誰，而不只是你老是在扮演的自己，因此，指導靈在這個部分相當重要。

靈魂類型	焦點	特質
助人者類型	服務	奉獻、堅忍
照護者類型	撫育	同理心、忠誠
教育者類型	教導	博學、具說服力
思考者類型	知識	拘束、理性
創造者類型	創造力	敏感、理想主義
表演者類型	傳播	熱情、好玩
狩獵者類型	活躍	決心、務實
領導者類型	權威	魅力、智慧
心靈者類型	改善	悲憫、靈性
改革者類型	和諧	鼓舞人心、愛

靈魂類型：__________

現在，逐一閱讀以上表單，多讀幾遍，先看「焦點」那欄，找出引起你的共鳴強度次之的類型。與那項焦點連結的靈魂類型便是你的主要影響力。

主要影響力：＿＿＿＿＿＿＿＿＿＿

接下來，同樣逐一閱讀以上表單，看看「特質」那欄，這是引起你的共鳴強度再次之的類型。與那項特質連結的靈魂類型便是你的次要影響力。

次要影響力：＿＿＿＿＿＿＿＿＿＿

請你的指導靈協助顯現你的靈魂類型：「我在此召請我的指導靈，以我的最高利益爲主，協助顯現我的靈魂類型，並允許我活出我的靈魂想要我過的人生。」

結束時，謝謝你的指導靈，並告訴祂們：「問事結束。」

如果你很難判定自己的靈魂類型，想想看你小時候希望自己長大後要當什麼、你未來想要做什麼、以及你的人生至今錯過了什麼等，這麼做或許會有幫助。盡量別去想你是靠什麼謀生的。如果這麼做之後還是無法判定，就問問自己最容易對哪些靈魂類型的機會或危險產生共鳴。（也可上網進行靈魂類型的測試，英文版網址：www.

soundstrue.com/quiz/instruction/quiz.html；中文版：www.leeds-global.com.tw/soulquiz/）

卡通影集《大力水手》裡的卜派總是自豪地宣稱：「我就是這個樣子。」希望你也能這麼灑脫地看待自己。

了解你的靈魂類型將有助於你眞正地、全然地接受自己。因此，如果有人因爲你展現眞我而批評你，你大可直接告訴他們：「這就是我」，這不是辯解，而是一種自我肯定。

做完這個練習之後，你應該清楚知道自己是誰了。但是，這是否解釋了你到世上走這一遭的目的爲何呢？關於靈魂賦予你的使命，我將在下一章加以解釋。了解它，你就能發現你的目的。

第四章
成就之門

第三門課 使命：你的生命目的

使命是靈魂給予生命的一個中心焦點。任何生命的目的都可以藉由了解使命而發現。

——作者的因果層指導靈

你這一生的目的是什麼？答案很簡單：你來這世上是爲了活出你的靈魂想過的人生。毫無疑問地，箇中祕訣就是確實找出你的靈魂眞正想要的是什麼。

當你踏進成就之門，你將發現，我們每個人都背負了一項使命。事實上，我們的使命不只一項，我們有一項主要使命、以及一或兩項次要使命。**這是為了確保每個生命**

的每一次人生，無論多平凡，都有其目的需要完成。

這些使命究竟來自哪裡？

這些使命是你生命計畫的一環。在你出生之前，你的靈魂會檢視你已經學習過的、以及尚待學習的課題，然後替你接下來的人生訂下明確的目的。**使命是你的靈魂希望你能在今世學會的重要課題。**

你的使命打從你出生開始就一直跟隨著你，它們影響你所做的每一件事。肯恩的主要使命是「探索」（我們將於本章稍後予以解說），他告訴我，有一次媽媽在鄰近的一座畜牧場發現他，當時他正站在五層樓高的階梯上，他那年四歲。「我可能早就因此死過幾千、幾萬次了。」他指的是他的童年。如果沒有那項使命，他也不會做出如此危險的舉動。

你的靈魂爲你的每一世訂下不同的使命，讓你能接受完整的教育。出生前，如果你打算成爲一名學者，那麼你或許會選擇「審視」作爲你的使命。如果靈魂看到你有可能經營公司，他或許會幫你訂下「控制」這樣的使命。

讓地球各地陷入二次世界大戰的，是一個背負著「改變」使命的五級靈魂。希特勒就像許多以救世主自居的領導者一樣，屬於心靈者類型（別忘了，這類型的人容易陷入著迷的危險），幾乎像所有背負「改變」使命的人一樣，想讓世界變得不一樣（或許，我們可以說他完全被幻象攫獲了）。

他的靈魂類型賦予他激勵人心的能力，而「控制」這項使命則讓他渴望把這個世界按照他的夢想加以改造。二者相加，最後創造出了一個如惡魔般的人。

然而，像這樣的兩者結合並非罕見。擁有同樣靈魂類型與使命的人何其多，但他們並沒有造成數百萬人的死亡。那是因為，一個人的使命可以是自私的、也可以是利他的。

希特勒像每個人一樣都有靈魂，沒有任何靈魂會想要奪取人類的性命。但深受幻象誘惑的希特勒卻忽略了靈魂試圖給他的指導。他其實可以運用自身力量創造一個更美好的世界，卻選擇了從私利為出發點的蠻幹，發動侵略。

靈魂為你訂下使命只有一個簡單的理由：體驗。而體驗正是你的靈魂來到地球上的動機，而使命則是讓你達成設定目標的方法。

人生的十項使命

- 改變使命（change）
- 探索使命（exploration）

- 檢視使命（examination）
- 順勢使命（flow）
- 控制使命（control）
- 關係使命（connection）
- 避世使命（avoidance）
- 療癒使命（healing）
- 信任使命（reliance）
- 愛的使命（love）

當你逐一閱讀以上十項使命時，別只是想著自己的使命為何，也想想是否能看出周遭的親朋好友這輩子身負了什麼樣的使命。了解周遭每個人的使命之後，你就能看清你和他們的關係，這麼做可以幫助你更加了解自己（據指導靈表示，每件事都是環環相扣的）。

雖然每個人看似同時在追逐很多目標，其實我們只有一項主要使命，加上一或兩項次要使命。你的主要使命往往比較偏向外在、而且是永久的，而次要使命（一樣是源自上述十項使命）則往往比較偏向內在、也可能會變動。

改變使命

✔機會：改善 (improvement)

✖危險：新奇 (novelty)

改變是眾多著眼於外在世界的使命之一，**有這項使命的人會在這世上留下難以抹滅的「足跡」**。**不過，它也隱含了強烈的內在層面，能讓一個人有持續前進的渴求，也會督促你找出方法改進個性上的缺陷**，無論那是真的缺失或是自己想像出來的。如果你的書架上堆滿了勵志類書籍，顯然你今世的使命就是改變。

艾琳諾屬於思考者類型。當她坐下來要開始問事時，就像典型的思考者會做的，她拿出了一台筆記型電腦。和思考者不盡相同的是她的肢體語言。我有一些屬於思考者的問事者，他們往往不善於表露情緒，常會讓人不禁聯想到雕像。艾琳諾則不然，她會自然地運用手勢、完美地表達自己。

我看到的她，是一位帶著非常強烈創造者影響力的思考者類型女子，這種結合通常會出現在愛因斯坦那些人身上，他們不僅能直線思考，也擁有跳躍式的強大想像力。

我幾乎可以馬上看出她是一位數學家，也能看出她的使命是改變。我說：「我打賭妳一直想要讓這世界變得更美好。」

艾琳諾停下做筆記的動作。「的確如此！」她說：「我無時無刻不這麼想。」

艾琳諾擁有一個年長的靈魂、以及心靈者的影響力，因此，她滿懷著助人的熱忱。「我三年級就開始指導其他小孩數學，我自己很快就寫完功課了。」她說。

「所以，妳很早就選擇以數學爲終生職志囉？」我問。

「是數學選擇了我，」她說：「不是我選擇它。」

艾琳諾的改變使命幫助她找到了數學啓蒙市場的缺口，她計畫引進更具創意、更有趣的方法來教導孩子們數學，藉以改變這個世界。

由於艾琳諾的使命也有內在面向，我說：「我想，妳這輩子大概買過不少勵志類書籍吧。」

她笑著說：「喔，是的。」

改變這項使命的機會是改善，是爲了避免人們過於自滿。無論你成就了什麼，永遠不會沉溺在已經擁有的成就上太久，渴望改變的心會督促你不斷向前邁進。

無論你的靈魂類型爲何，如果你的使命是改變，你就很容易陷入渴望新奇或對新鮮事物感到興奮的危險。不管是在事業上或面對一段關係，你可能會忽略舊有的、熟悉的，而偏好看似較新鮮的、有趣的。

探索使命

✔機會：經驗主義 (empiricism)

✖危險：分散 (dissipation)

靈魂之所以選擇探索這項使命，是為了充分體驗這個真實的世界。事實上，一些背負這項使命的年輕靈魂都會成爲探險家。探索使命的機會是經驗主義：他們要親自去碰觸這個世界。

無論你的靈魂年齡屬於第幾級，如果選擇了探索使命，你的生命就會多采多姿、絕不乏味。要想尋求穩定，可能得等到下輩子再說了。

這項使命的危險是分散，也就是說，如果你的探索沒有聚焦，最後可能只是不斷地尋找一個又一個的新經驗，卻不管它們對自己究竟有沒有用。由於想做的事情太多，導致自身能量過度分散或是無法全心全意執著在一件事情上頭。

分散的危險

高中時曾沉迷於吉他的喬納斯，今世的使命是探索，他得過優秀的路易斯阿姆斯壯爵士獎 (Louis Armstrong Jazz Award)，同時也是一名武術、拳擊及棒球好手，還曾勇奪該州摔角比賽第二名。

大學時期，他精湛的獨奏獲獎無數，在管弦樂團、爵士樂隊及歌舞劇裡演奏過，甚至曾在湯米．杜西 (Tommy Dorsey) 樂隊插上一腳。

他擔任過職業吉他手、蓋屋頂工人、作曲家、編曲人、場地維護員、木匠、吉他老師、泳池清潔員等，甚至製造過雷射立體顯像機器。

這就是問題所在。

就像許多身負探索使命的人一樣，喬納斯（十級靈魂的創造者類型）讓自己陷入分散的風險。他注定得成為一名音樂家，那是他的靈魂替他規劃的人生。不過，他讓自己的能量如此分散，導致他根本無法充分發揮驚人的天分。

受到我的因果層指導靈鼓勵與支持後，他便全心投入靈魂為他設定的生命計畫，努力成為一名音樂創作人和演奏樂手。

在我的問事者裡頭，沒幾個是背負著探索使命至今還待在家鄉的，因爲沒有多少人抗拒得了旅行的渴望，即使年紀尚輕也一樣。

肯恩來找我時表示心中有「數百個問題」，不過，他最大的問題其實是不知道退休後要做什麼，這問題深深地困擾著他。

當我看到肯恩的使命是探索時，我知道他還沒準備好要退休過安穩的日子。我的指導靈讓我看到他坐在義大利的山城西耶那 (Siena) 某家露天咖啡館裡。

「你將會四處旅行。」我說，並告訴他我所看見的。

肯恩相當興奮。這正是他想做的，但他也承認遇到了一些阻力。就在幾天前，有位朋友極力勸阻他，告訴他種種不利的因素，例如，如果他在旅途中生病、甚至客死異鄉怎麼辦。

「我看到的是，你寧可在攀爬威尼斯的鐘樓時死去，也不願意死在美國家裡的床上。」我說。

肯恩笑笑，傾身向前。「就像我回答我朋友的，我死也死的心滿意足。」他說。我的指導靈臨別前給了他這幾句話：「別擔心，開心點。還有，別忘了更新你的護照。」

肯恩大笑。「他們說得對，」他說：「我的護照是過期了！」

我最近一次跟他聯繫時，肯恩剛安排好一趟六個月的中美洲之旅。

- 機會：理解 (understanding)
- 危險：優柔寡斷 (indecision)

蘇格拉底曾說：「不經檢視的人生不值得活。」這或許正是那些身負檢視使命的人的座右銘。

著眼於內心世界，這項使命將驅使你探究自己的思想及行動，找出人生的意義。著眼於外在世界，你將是一個求知若渴，並渴望理解這個世界的人。檢視的機會是理解，這就是爲什麼檢視使命會成爲作家、學者、哲學家及科學家這些人的熱門選擇。

你的靈魂類型會影響你如何表現這項或任何其他項使命。思考者類型會用頭腦理性檢視這個世界；心靈者類型比較容易從情感的角度來檢視；而創造者類型或許會選擇以歷史學家的角度來檢視藝術。

檢視使命的一項副作用是，你可能會不斷地累積知識，不管那些對你究竟有沒有用。我有一位問事者把檢視使命的危險稱爲「分析癱瘓」(analysis-paralysis)：身負這項使命的人總是不斷在權衡各個選項，遲遲無法做出決定。

琳恩總是把人生一再分割、檢視、再檢視，然後再重新組合。她是典型帶有檢視使命的思考者，不斷分析自己、以及周圍世界裡的每一個面向。但是一旦要做決定，她總是過度沉陷在利弊的分析，遲遲無法採取行動。

問事告一段落時，她說要寫封信給她的律師，並希望我提供一點意見。她把信的內容讀給我聽。

「聽起來挺不錯，」我說：「有什麼問題嗎？」

她說，她覺得第二段聽起來有點挑釁意味。我說，或許有那麼一點兒吧，於是她修改了幾個字，覺得安心了些。

兩天後，我接到一通電話，是琳恩，她希望再讀一次那封信給我聽，內容和上次並沒有太大差別。我建議她就這樣把信寄出去。只不過，此時的她正陷入檢視使命的危險之中，也就是優柔寡斷。

那個週末，她又打來了，她覺得信的措辭太不正式。到這裡，你或許會以爲這封信是關於爭取監護權或什麼生死攸關的事，但她其實只是要寫信告訴律師，他在幾個月前的帳單裡多收了她大約五十美元。

「妳就直接寄出去吧！」我建議。

她同意了。

當我再度遇到琳恩時，我問她那封信最後怎麼處理了。她說，她後來決定不追究，整件事就算了。

順勢使命

✔機會：接受(acceptance)

✖危險：惰性(inertia)

順勢使命讓你得以平順過完一生。這項使命的機會是接受，是要幫助你學習接受人生的本來樣貌。**身負這項使命的人並不需要花太多努力，大門與機會永遠為他們敞開。其關鍵在於，他們得認出上門的機會。**

靈魂選擇這項使命，幾乎都是爲了彌補幾世以來不斷爲生活掙扎、不斷面臨困境。

我有一位問事者，是剛退休的科學家，就身負順勢這項使命。她承認，她的人生一直很如意、很順遂。她順利進入學校、大學，一帆風順，甚至還沒畢業就已經獲得一份工作了。進入職場後，當她覺得需要時便會獲得拔擢，手邊的專案從不愁找不到人資助。她覺得，別人的幫助總是唾手可得。

有一個老故事或許你已經聽過，但它最能夠道出這項使命的危險。

這個故事是關於一個遇到洪水肆虐的人，辛辛苦苦地爬到屋頂等待救援。當水位愈來愈高時，他祈求上帝伸出援手，而上帝也答應了。

沒多久，一組救援隊伍開著船前來。「跳進來吧！」他們對他大喊。那人拒絕上船，並說：「不，謝了，上帝說祂會來救我。」

一小時過去了，水位上漲到幾乎要將他淹沒，一架直升機在他上空盤旋、拋下一條繩索。他再次拒絕救援。「不，謝了，上帝會來救我，」他大喊。

幾分鐘後，他淹死了。

等到他又清醒之後，發現自己正站在天國的大門。他看著上帝，說：「發生什麼事了？我以為祢會來救我。」

上帝回答他：「我派了一艘船去、我派了一架直升機去……」

帶著這項使命的人往往容易陷入惰性的危險。**他們可能無法認出眼前的機會，或是輕易讓機會溜走卻不採取行動**。

有著順勢使命的孩子通常是我們口中那種很隨和、或甚至較爲被動的人。那麼，那些不易屈服於別人意志之下的人又帶著什麼使命呢？

控制使命

機會：權威 (authority)

⊗危險：不妥協（intransigence）

著眼於內在，帶著控制使命的這類人顯然具有掌握自己命運、為自己發聲的強烈欲望。他們不會希望別人代他們做決定，也不希望別人告訴他們該做什麼。**著眼於外在，他們則會想要掌管大小事情**。這種主導性發自靈魂，讓他們天生就具權威感。他們告訴你事情時，你會覺得一切都言之有物、很有道理。

在某些情況下，他們看起來根本就是領導者類型的人。差別只在於，他們缺乏領導者類型特有的魅力。

羅柔十五歲的女兒凱莉帶有控制使命，我問羅柔，教養這類型孩子的感想爲何。「打從很小的時候，她就不接受別人說不。在她還小時，我每天晚上都得陪她睡覺，整整一年。如果我拒絕，她會哭鬧、尖叫到幾乎要把房子給掀了。」「有時候，如果我不准她做她想做的事，她就會暴跳如雷。曾經有一次，我們還得拼命阻擋她拿磚頭砸車窗呢。」

羅柔屬於第十級的創造者類型，「選擇最省事的方法」的人生哲學，讓她爲了保持和諧而不願與人起爭執。「讓凱莉能分辨是非眞的很重要。不過，就算我知道我是對的，有時候還是會因爲無法說服她，而讓事情就這麼過去了。」

主控一切

帶有控制使命的人和領導者類型的人不同之處在於，他們的行事作為而非性格本質。擁有這項使命的人，不管靈魂類型是什麼，都有機會擔負權威之職。

帶有控制使命的表演者類型善於主控事務，與領導者類型沒兩樣，只不過，他們的行事更外放、更自負懾人。

教養帶有控制使命的孩子向來不容易。凱莉的靈魂之所以選擇這項使命，或許是爲了幫助她在年屆四十時可以有能力妥善經營一家企業。只是，在這之前的日子確實不好過。

控制這項使命對凱莉本身其實也不容易。「她害怕示弱，」羅柔說：「她始終都想要獲得最好的成績，我一點也沒逼她，我總是告訴她拿九十分就不錯了。」

就像許多身負這項使命的人一樣，凱莉喜歡凡事都有規矩。控制自己所處的環境，就像控制她自己及周遭的人一樣重要。

「她討厭我們換車。如果不每年照慣例去加州玩，她也會非常不開心。」羅柔說：「凱莉什麼東西都不肯扔。她還留著出生時的一隻小玩偶，就算玩偶已經破爛不堪了，她還是不肯丟掉。」

這是一項很嚴重的危險。**帶著控制使命的人，不管是小孩或成人，都可能演變成凡事都不願妥協、聽不進別人的意見，而且一旦下了決定，就拒絕做任何改變。**

關係使命

✔ 機會：親密 (intimacy)

✖ 危險：認同 (identification)

接觸對人類是非常重要的。原因是，身體接觸才能讓靈魂彼此產生親密關係（這是關係使命的機會）。這正是爲什麼嬰兒需要擁抱、及按摩對人體有益的道理。而且，根據美國梅約醫學中心 (Mayo Clinic) 的研究，這也是「有結婚者比單身的人活得更久、更健康」的主因之一。

對於那些以關係為使命的人，接觸是他們生存不可缺少的要素，就像氧氣一樣。沒了它，他們可能會枯萎、甚至死亡。從孤兒院的嬰兒到監獄裡被單獨監禁的囚犯，這些人當中會覺得最痛苦的，就屬帶有這項使命的人了。

有一項統計可能會嚇你一跳，**超過八成的人所背負的主要使命就是關係。**

這就是爲什麼我們多半需要其他人陪伴的原因。人類本來就不是爲了孤獨生活而出生的。如果你的使命不是關係，你可能對於自己一個人過活感到很自在、愜意。但是，我們多數人都需要與其他人維繫親密關係，一旦得不到與別的靈魂一起分享人生所帶來的慰藉，我們將深受「分離焦慮」所苦。

關係使命會把你推出去這個世界，和其他人在心靈上交流。它會賦予你與其他人融洽、和睦相處的能力與渴望。

多重使命

關係這項使命如此普遍存在，它實際上已經超越使命的範疇了。只不過，當我們解釋一個人的目的時，往往還是會將它歸類為十項使命的其中一項。

身負關係使命的人都還會帶著其他兩項次要使命。至於那二〇%非以關係為主要使命的人，則只有一項。

娜蒂雅的社交行事曆上約會滿檔，她忙得無暇顧好每一件事。

「我身邊時常圍繞著許多人，爲什麼我還是覺得這麼寂寞?」她問我。

我說：「因爲妳的使命是關係，妳的靈魂極度渴望親密關係，**他要的是與其他靈魂一對一的緊密接觸**。妳有很多眞誠的朋友，但是妳太忙於培養妳與他們的關係，使得妳分配給每一個人的時間少之又少，讓他們覺得自己在妳心中沒什麼分量。」

娜蒂雅立即看出了問題點。「前男友離開我的原因，正是因爲他受不了跟我見個面還得事先預約。」她說。

她人生中多數的衝突都是源自於前世對寂寞的恐懼。爲了對抗這項恐懼，她總是選擇在人群中周旋。

然而，**她眞正需要的是深層的友誼，如此才能協助她克服恐懼、並完成使命**。享受兩人的燭光晚餐可以讓她的靈魂眞正感到快樂，這類場合才能營造眞正的親密關係，而不是老待在一大群人中像隻花蝴蝶亂竄。

有些擁有關係使命的人，尤其是像表演者類型這種比較外向的人，通常會想確定身旁的每個人也連繫在一起。如果他們看到派對上有人孤伶伶地站著，就會走過去和他聊天、或是把他介紹給其他人。

在我們的談話之中，娜蒂雅顯露了這項使命的最大危險：對其他人遭受的痛苦感同身受。在她談到移民局刁難她的朋友時，眼淚就從她的眼眶中掉下來。

表現同理心、以及對他人的痛苦感同身受，卻導致自己陷得太深（對你的影響甚至

強過那個人），這兩者不一樣。請謹記。

避世使命

✔機會：平靜 (tranquility)

✖危險：孤立 (isolation)

和關係截然相反的使命是避世。在歷經幾世極爲戲劇化的人生之後，愛麗珊卓選擇避世作爲今世的使命。簡單來說，她的靈魂需要休息。

像許多有著避世使命的人一樣，愛麗珊卓舉手投足在在都顯示出她的教養。她穿著簡單的短衫與長褲坐在我的辦公室裡，全身散發出你在巴黎大道上可以找到的那種優雅氣息。

我之前見過她幾次，但這次她看起來疲憊不堪。幾年前，愛麗珊卓接下一家咖啡廳，一開始，她相當興奮且充滿活力。但和丈夫分手、失去他的支持之後，一星期七天的長時間工作壓力逐漸把她壓垮了。原來的熱情早已消失殆盡，她現在只想賣掉這間咖啡廳，好好地去旅行。

「妳最後會找到買主的，是一位女士，只是可能沒那麼快。」我告訴她。

愛麗珊卓看起來很洩氣。「我已經到了再也無法坐在櫃檯後面的地步了。」

我一點兒也不意外。有著避世的使命，愛麗珊卓從未曾想要探出頭、涉入這個世界這麼多。她完全同意我所說的。

我問她是否一直明白自己的靈魂需要平靜。

「喔，是的，」她說：「大學畢業後，我旅行到歐洲。在倫敦待了幾個月，然後開始受不了那裡的人潮與嘈雜。我逃到挪威一座湖邊的小木屋，在那裡，我深刻體悟到我有多麼需要平靜。」

「往後幾年，我每隔六個星期就會獨自找間小木屋住上幾天。有時候，只是拉下窗簾，好好睡上兩、三天，然後帶著充沛的精力回來。我非如此不可，否則就會生病。」

愛麗珊卓整整花了一年半的時間才找到買主（一位女士），當她告訴我這消息時，聲音聽起來十分愉悅。再過幾星期這筆交易才會眞正完成，但是她的心早就飛到未來去了。

「妳現在打算做什麼？」我問。

「我的下一站是夏威夷，我要舒服地躺在吊床上！」她說：「我打算睡上一整個星期呢。」

平靜是肩負避世使命者的機會，沒了它，愛麗珊卓這類人會因爲持續受到刺激而痛苦不堪。避世的危險是孤立，當我告訴愛麗珊卓這一點時，她承認，有好幾次她很想躲在自己的小木屋裡，再也不出來了。

療癒使命

- ✔ 機會：復元 (recovery)
- ✖ 危險：責任 (obligation)

療癒是那些從事醫療、照護或教學的人常見的使命。屬於第十級狩獵者類型的德蕾莎修女、以及第六級助人者類型的南丁格爾，她們都帶著這項使命。

廣義而言，這個使命的目的是學習如何療傷止痛。**顯現在外，能夠藉由幫助別人過得更好來達到目的；而內在，則是要療癒今世及前世的創傷**。這項使命的機會是復元：幫助自己或其他人回歸正常、甚至更好的狀態。

屬於第九級心靈者類型的安妮選擇療癒作爲她今世的使命，就像她過去多次的選擇一樣。

我問她是否一向都清楚自己的使命。「我二年級時就知道我想當一名醫生，」她說：「但是直到見過那道光之後，我才非常肯定自己的使命。十六歲那年，我參加了一場午夜彌撒的合唱。突然間，我看到一道溫暖、乳白色的光從彩繪玻璃窗戶傾瀉而下。我不知道這道光持續了多久，但是我感覺接收到了一個訊息，告知我的目的是療癒。當那道光離開時，我對自己的未來了然於胸。」

然而，直到靈媒作家茱蒂絲．歐樂福（Judith Orloff）告訴她，她是一名療癒者時，她才開始意識到自己從醫之外更廣義的目的。

「我在她講課結束後上前和她說話，」安妮說：「我稱讚她書寫得很好，並告訴她這讓大家了解到心靈在醫療領域的重要性，我覺得這一點相當重要。她幫我在她寫的書上簽名，我直到回家後才打開來看，上頭寫著『給安妮，一名療癒者，愛妳的茱蒂絲』。」

「成爲療癒者的想法眞的嚇到我了。我是一名接受科學訓練的外科醫師，但是她的一句話就讓我徹底面對現實，那就像是一記警鐘、敲醒了我。我知道我必須如實接受自己，承認並運用。」

安妮的同情心向來是她最強的天賦之一，她說祕訣在於「接觸、對談、傾聽」。隨著她的療癒事業的發展，她發現自己和癌症病患及那些瀕臨死亡的人之間有一條連線。「我幫助過許多病患、甚至是小嬰兒跨越生死藩籬。有一位年長的病患一直不願闔眼，直到我陪在她身邊才撒手離世。」

和許多肩負療癒使命的人一樣，安妮必須學習處理隨之而來的危險（責任）。這危險會讓許多療癒者覺得自己有責任幫助其他人。幾年前，在我指導靈的鼓勵下，安妮才大幅減少工作量，否則她都快要精疲力竭了。工作從一星期六天降到可以負荷的量，讓自己有充分的休息時間。如今，她一天冥想兩次，尤其在每週日早上還會長達二、三小時。

我問安妮，從事這種高壓職業是否是她想要的，她說：「我無法不去做。」

我相信，這是眞的。安妮的使命是療癒，我們很難想像她從事其他工作會是什麼景況。

信任使命

✔ 機會：依賴 (dependence)

✖ 危險：執拗 (obduracy)

賽門是一個十一歲大的男孩。最近他被緊急送進醫院，幾天以來，一直躺在加護病房裡不醒人事。肇因只不過是咬了一口起司三明治，就引發嚴重的過敏反應。

賽門出生時腦血管出血，天生又缺少右顳葉。他有溝通障礙，進行檢查很困難，而他的視力還被測出幾乎爲零。在他剛出生的前幾年，一天甚至會發病四十幾回。

他在服用一系列高劑量的藥物之後，發病情況才得已暫時控制住，不過藥效很快就失去作用了。他媽媽珍妮芙告訴我最後的狀況。

「藥物治療幾乎掏空他的心智，他變得非常兇，更嚴重的是，他整天嘔吐個不停，」她說：「後來他開始會在半夜驚醒。」

「有一晚，他尖叫著醒來，徒手攀爬著牆壁。那眞是可怕，他就像一隻野獸，我必須用力把他的手指從牆上扳開，才能讓他下來。我幾乎快瘋了；我同時還得照顧另一個新生兒，睡眠時間完全被剝奪。」

「如果情況這樣繼續下去，我可能會想把他勒死。他是如此具有破壞力、難纏、可怕。後來，有位婦人告訴我關於食物過敏的事，她說她兒子改變飲食後就不再發病了。」

珍妮芙花了幾個星期的時間讓賽門斷掉藥物治療，並用各種不同的食物實驗。結果不到一個月，就不再發病及夜驚了。

「我終於找回眞正的賽門了，」珍妮芙說：「他不再服用藥物，遠離乳製品及小麥後，他完全恢復正常了。」

直到這次意外。有人把夾了起司的三明治放在賽門伸手可及的地方，他咬一口之後就開始抽搐。幾天後，他出院了，珍妮芙很高興這次再也沒有人建議她讓賽門接受藥物治療。「他們連提都沒提，」她說：「我了解狀況，也堅持該怎麼做才對。賽門曾經是個呆滯、了無生氣的孩子，但停止服用藥物之後，他終於開始學習講話了。」

我想起幾年前我和珍妮芙初次會面時，我的指導靈曾告訴她，她和賽門的靈魂之間曾達成一項協議。**她會幫助賽門學習信任這項重要課題，而賽門會幫助她了解什麼是愛**。

「當你這麼告訴我時，我內心突然一陣翻攪，過去種種似乎一一浮現了。那一瞬間，我好像意識到了自己此生的目的，」她說：「我決定了，如果這是我的課題，我會欣然接受。我發現，賽門就像是我情緒的直接反射。我快樂，他就快樂。他選擇了一位不會被痛苦情緒淹沒的媽媽，了解這點之後，一切就變得容易多了。」

我問她，和賽門在一起還讓她學到些什麼。「毫無疑問是『活在當下』，」她說：「如果你敷衍他或心不在焉，他會用力撞你。你騙不了他的！」

對那些無力照顧自己的人而言，他們這項信任使命的機會就是依賴，也就是說，他們願意讓其他人來照料他們。至於執拗的危險，我們可以在一些明明迫切需要別人幫忙、卻無法把責任交出去的人身上看到。

接下來，我們來看看珍妮芙選擇她今世想戰勝的挑戰。

愛的使命

✔機會：憐憫 (compassion)

✖危險：迎合 (ingratiation)

愛的使命是要人學習有同情心。**持續與愛發生衝突，肩負這項使命的人才有機會了解愛的重要性**。

帶著愛這項使命的人身上總是散發一股溫暖與友善，他們很歡迎你登門拜訪，也一定會讓你舒服又自在；他們也會想要深入認識你。

他們對愛的需求是雙向的。他們施予愛、也希望得到愛。他們的靈魂彷彿在說：「我愛你，也請你愛我吧。」

這項使命的危險是，他們可能過度希望討人喜歡，而處處迎合他人。但往往事與願違，他們愈是努力，愈容易因爲缺乏安全感、內心空洞、甚或過度矯飾，而把周圍的人推得遠遠的。

泰瑞莎的使命是愛。「我感覺自己身邊充滿了愛，」她說：「問題是，由於我的愛如此豐富，經常誤導了許多男人。在我這一生當中，不斷會碰到一些突然向我求愛的男人。」

問事過程中，我們談了一些她容易讓別人混淆的暗示。她是一位非常開放且友善的人，對別人的感覺都能感同身受。不過，她也免不了帶有這項使命常見的危險，渴望被別人接受。

我幫泰瑞莎推薦了一位新律師，希望能幫她妥善處理孩子監護權的問題。過了一、兩個星期，她來電，我問她那位新律師是否稱職。她笑得有點緊張，說：「在昨天之前，一切都很順利。但昨天我到他辦公室時，他竟然向我示愛，我有點不知所措。」

她是做了什麼才招來這些爛桃花呢？問題本源就出在，她需要被愛。**由於自我接受度不高，她覺得必須對別人「超級好」，才會得到別人的接納**。

泰瑞莎同意：「我一輩子都在努力接受自己，我對自己的體重或外表一向沒有信心。直到現在，我才終於開始面對真正的自己。」

由於做得太過火，她看起來總像是在賣弄風情，尤其是看在男性眼中。**這問題的解決之道是，她要學習接受自己原本的樣貌**。

愛的使命對應的機會是憐憫。這得花上許多年、投入許多努力才能達到，但等到那個時候，你所獲得的心靈回報絕對值得。

了解你的使命

以下的敘述能幫助你從十項使命中找出屬於你自己的使命。記住，多數人都有兩項使命。主要使命通常是較強的、會影響其他人的那一項，而次要使命則往往比較不外顯，但對你自己本身會產生較大的影響（別忘了，如果關係是你的主要使命，你將會有兩項次要使命，而其中一項是會改變的）。

先讓自己進入冥想狀態（參閱引言「簡單的冥想技巧」），召請你的指導靈，請求祂們協助你找出你的使命。以下列出了每項使命的機會與危險，利用它們來提點：

- **改變**：渴望推動世界前進；總是在尋求新奇、新鮮事物。
- **探索**：渴望獲得一手知識；迫切想做每件事。
- **檢視**：想了解這個世界如何運作；很難做出決定。
- **順勢**：能夠接受眼前的人生；可能會讓機會白白流失。
- **控制**：渴望掌控或領導局勢；覺得忠言逆耳。
- **關係**：渴望親密及深刻的關係；過度認同別人。

避世：渴望平靜；容易與世隔絕。

療癒：渴望讓自己或其他人更完整；過度著迷於幫助別人。

信任：有依賴其他人的需求；拒絕接受幫助。

愛：有施予愛及接受愛的需求；一心想討別人喜歡。

主要使命：＿＿＿＿＿＿＿＿

次要使命：＿＿＿＿＿＿＿＿、＿＿＿＿＿＿＿＿

別離開冥想狀態，召請你的指導靈，請祂們協助你接受你的使命。重複以下句子：

「我在此召請我的指導靈，以我的最高利益爲主，協助我接受我的使命，並允許我過著我靈魂想要我過的人生。」

結束時，謝謝你的指導靈，並告訴祂們：「問事結束。」

如果你能找出你的使命並接受它，你將能朝靈魂的進化之路向前跨出一大步。你的努力將會爲你帶來內心的滿足，因爲肉體層的你與你的靈魂終將能並肩邁向意義深遠的未來。

現在，你知道你的靈魂年齡、靈魂類型及使命了，你已經萬事具備，可以去過你靈魂想過的人生了，不是嗎？

不，還差那麼一點點。至此，你已經知道你的靈魂本質、以及他們爲什麼選擇來到這裡的原因了。但是，這些還只是其中一部分而已。

繼續這趟旅程，你將會來到「復元之門」。在那裡，你將會發現靈魂過去的種種如何影響今世的人生。

【第二部】

賦予力量

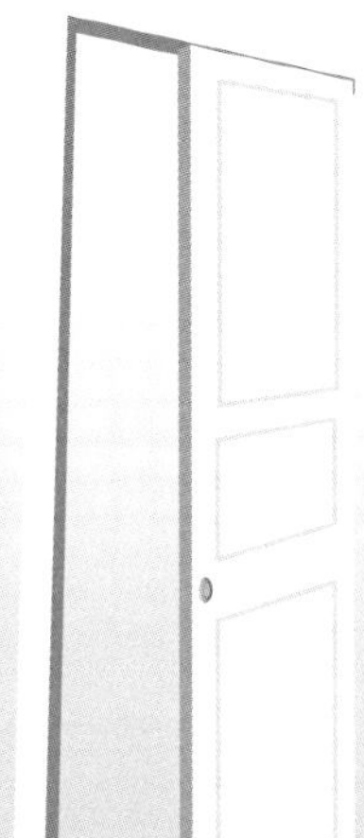

第五章 復元之門

第四門課 害怕：療癒前世的創傷

前世的害怕潛藏在每一個個體的外表之下，它是靈魂對過去的記憶，也是影響今世的關鍵。

——作者的因果層指導靈

一位父親絕望地替兒子求饒，他的吶喊淹沒在群眾憤怒的譏諷與威脅聲中。面對即將發生的殘酷事實，這位父親完全無力阻擋，挫敗的淚水不斷從他的眼中流下。

一位面露輕蔑的官員說著這位父親幾乎聽不懂的語言，上前宣判：罪狀是「從市場攤位偷走一顆蘋果」，刑罰是「父子雙雙收押、處死」。

事件發生在義大利南方，時間是羅馬帝國時期。[1] 這位父親是一名商人，他和兒子帶著他的金屬器皿來此尋找商機。他兒子偷了一顆水果，當地人逮住他，並叫來維護治安的民兵。民兵長官逮住機會殺雞儆猴（當然，他同時也覬覦商人的貴重金屬器皿）。

當他們被拖出去時，男孩歇斯底里地哭喊，父親則是滿腹冤屈。這種心情加上自己無能保護兒子，挫折感愈來愈重。

經過四十幾世輪迴後，這名父親如今是一名才華洋溢的爵士女歌手。在這一世，

怯場、害怕公開演說、或被迫上考場就崩潰的人，追根究柢就是在前世被判過死刑。

那一世冤死的創傷以「表演焦慮」的形式顯現。

當他們再度面對的情況令靈魂感受到審判氣息時，就會引發「或戰或逃」的反應。

復元之門將帶領你開啓過去，把傷痛事件從靈魂的前世帶到今世，面對並克服。

前世的害怕在遇到觸發事件 (trigger) 時就會迸發出來，觸發事件喚醒了前世記憶。任何的害怕都會阻撓靈魂進化，因此，要盡可能努力克服。

有人曾經問我：「如果我經歷過那麼多世，爲何我什麼也記不得了？」這個問題

1 西元前二十七年至西元三百九十五年。

問得好，我給她的答案是：妳不是也記不得兩歲時發生的事了。至少，我們多數人是不記得的。不過，如果你曾經受虐或被冷落，都會造成長期傷害，無論你是否記得。

前生往世也一樣。前世的種種已深植在你靈魂的記憶深處，就像孩童時期的記憶，通常只有創傷或不尋常事件才會露出頭來。

如果你記得過去生生世世發生的事又將如何？那些記憶對於今世會有所幫助嗎？答案是「沒有」。這輩子的傷痛可能已經令你無力招架了，想想看，如果你記得好幾輩子發生的種種悲傷與痛苦，情況豈不是更糟？

如果你眞的清楚記得發生在你身上的每件事，那你什麼事也做不了，會像一灘死水。想想看，如果你前世死於車禍，你這輩子或許就會不敢開車吧。

桃樂絲想要找出女兒爲何有嚴重的分離焦慮，她不過是要出門工作，女兒也會十分不安。原來，她四歲大的女兒荷莉非常害怕就此見不到媽媽了，而這股害怕源自於某世她們一起待過納粹統治下的德國。

這讓桃樂絲興起進一步探索更多前世的念頭。因此，我們一起回顧了她之前的十次輪迴。

她上輩子是死於德國的達郝集中營。那時的她是一位年輕男子，而結婚的對象正是她今世的女兒。

再往前一世，桃樂絲是一名年輕的日本水手，在一場海戰中，被砲彈擊中腹部而喪命。

再更往前看，她是捷克波希米亞的一名學生，選擇服毒自殺來逃避入伍。

十九世紀，桃樂絲原本是某個聚落裡的一名女子，該聚落後來建成印度的農業合作社。因爲能通靈，她的雇主很怕她，最後趁她睡覺時把她勒死了。

在那世之前，她是住在英國戴文郡的年輕男子，和一位不顧父親反對堅持嫁給他的女孩結婚。女孩的父親怒火中燒，把他的臉弄得面目全非，迫使他逃離家鄉，加入海軍。他在三十五歲時死於敗血症。

更往前追溯，桃樂絲是一名德國神職人員，因爲拒絕放棄自己的信仰，而惹惱了一群宗教改革團體，不僅絞死他，甚至把他開腸破肚。

當他慫恿烏拉圭農民暴動失敗後，那一世生爲男人的桃樂絲，被親生祖母報官逮捕，監禁至死。祖母憎恨他，因爲他長得酷似她所憎恨的丈夫。

她也曾是一名魁北克的拓荒農場主人，但丈夫覬覦她的遺產，把她刺死。

在一五〇〇年代後期的荷蘭，她是五歲就失去雙親的小男孩，後來前往奧地利山區投靠親戚。那一世，他活得長壽又快樂，最後死於痲疹。

在我們探索的最後那一世，桃樂絲是一名年輕的法國男子，在他到蘇格蘭邊境親戚家造訪的第一個晚上不幸身亡。當天晚上，他才剛安頓好，卻意外與附近的偷牛賊發生扭打。隔天早上，有人發現他時已經失血過多而死了。

我一開始的反應是，桃樂絲的前十世似乎異常坎坷，死亡的方式也都很戲劇化。我向我的指導靈徵詢意見，祂們說：「人類的歷史本來就很嚴酷，生命通常都既短暫又悲慘。桃樂絲幾世輪迴不尋常之處僅在於，她十輩子當中只有兩次是因病而死。」

或許你有興趣知道，其實在那十世之間，桃樂絲還有幾次早夭，生命很短暫。至於她最近幾世多半爲男性，這一點則純屬巧合。我們在地球上輪迴轉世的日子，一般都是在男性與女性、這地方與那地方之間不斷轉變的。

面對過去

有位問事者問我：「為什麼我的靈魂不能聰明地把今生與過去分清楚呢？」

簡單說，靈魂不會死。你可能把自己在肉身層的時間看成一段一段不同的生命，每一輩子都是以死亡畫上句點。但對你的靈魂而言，這是他一次連續的經驗。

靈魂世界既沒有性別之分，也不會感覺到肉身的死亡，一切都是永恆的。

從第一世直到最後一世，你的靈魂都清清楚楚；一連串的轉世輪迴，對靈魂而言是一條連續的線。只不過，就像心臟監測儀螢幕上的線一樣，它會有高峰出現，而那就是死亡經驗。**多數前世的害怕都與死亡當下你對那一生的感想有關**。

每一項前世的害怕，也都有相對應的機會與危險。與前世害怕對應的機會是靈魂的努力目標，一旦達成了，他就會釋放緊纏著你的害怕。至於危險，則是不願意面對害怕。

十項前世的害怕

- 害怕失去 (loss)
- 害怕遭人背叛 (betrayal)
- 害怕親密 (intimacy)
- 害怕被人拒絕 (rejection)
- 害怕表現自我 (self-expression)
- 害怕權威 (authority)
- 害怕低人一等 (inferiority)

- 害怕失勢 (powerlessness)
- 害怕失敗 (failure)
- 害怕死亡 (death)

許多人都曾經透過催眠療法 (regression therapy) 重回前世。對此抱持懷疑的人指出，當接受治療的人被問及前世的年代時，他們會回答諸如「十二世紀」之類的答案。「一個生於中世紀的農民怎會知道那是什麼年代？」這是懷疑論者常會提出的質疑。

他們之所以知道年代，是因為這些經驗不是由人類所知甚少的大腦回想而來，而是靈魂世界傳遞給你的（這正是爲什麼要回溯前世之前，你得先完全放鬆自己）。

也是因爲如此，回溯的前世往往與我們今世顯現的問題攸關重大。舉例來說，讓問事者重新經歷因爲使用巫術而受審、被處決，可以幫助他克服今世害怕權威的問題。

從下面的案例我們可以了解，一個人前世經歷的創傷在今世的顯現方式是可以預料到的。這些資訊是經過問事者同意之後才轉述的，而不是他們在催眠療法當下的第一手敘述。

害怕失去

✔機會：充裕 (sufficiency)
✖危險：不確定 (uncertainty)

大約一世紀前，莫莉是和她的家族一起住在俄羅斯某個村莊的年輕媽媽。當敵軍進入他們居住的地區時，她躲到叢林裡，眼睜睜看著士兵們燒毀村莊、屠殺家人，然後揚長而去。

她從藏身處走出來之後，發現自己的孩子在家中被活活燒死。很快地，她也因爲飢餓與悲傷而死去。

今世，莫莉住在北加州，是一名生活舒適的另類療癒者。她有愛她的丈夫及三個乖巧的小孩，但是，她內心仍然隱約害怕會失去一切。

她摸不清這股害怕的源頭，自己究竟是害怕失去家人、還是她的房子。只知道自己深切覺得生命如此難以逆料。

「我會預先設想最糟的情況，好讓自己變得堅強一點，萬一事情眞的發生，才不致於不知所措，」她說：「我告訴自己，如果他們都死了，只獨留下我一個人，我也會好好活下去。」

無論莫莉實際上過得有多安穩，她從不覺得這種狀況能夠恆常。她害怕失去的感覺讓她無法心安；她深怕擁有的一切，終將因爲無法掌控的外力介入而成空。

害怕失去的機會是充裕，也就是她可以體認到自己已擁有所需的一切。她實際上所擁有的已經足以讓她不虞匱乏。至於危險，萬一她不採取任何行動，不確定感將會如影隨形。

害怕遭人背叛

- 機會：忠誠（loyalty）
- 危險：懷疑（mistrust）

上輩子，雷瑞經營的飯店幾乎快要撐不下去了。他把飯店的盈餘賭個精光，欠了一屁股債。有個生意夥伴願意替他清償債務，條件是必須將飯店所有權歸到他名下，但承諾會讓雷瑞繼續負責飯店業務，也願意支付他高薪。

雷瑞不敢相信自己竟然交到這種好運。他把營業權讓渡給了那個朋友，等著要拿那筆用來還債的錢。但是錢一直沒有匯進戶頭。他一狀告到主管當局，但那位朋友騙當局說，錢已經給過雷瑞，只不過他又賭光了。

雷瑞一生貧困潦倒，到死之前都還一直對受朋友欺騙這件事耿耿於懷，滿懷怨恨。

今世的雷瑞既有魅力又善交際。他看起來充滿自信，但是在陽光的外表下，害怕遭人背叛的恐懼一直潛伏著。

雷瑞是來問事的當事人嗎？不是，問事者其實是珊卓拉。雷瑞經營了一家服飾店，而她是雷瑞的事業夥伴。

在雷瑞準備開第二家分店時，珊卓拉發現自己懷孕了。她告訴大家，她準備生產完之後辭掉工作，在家好好帶小孩。

雷瑞氣極了。他指控珊卓拉在他最需要她時背棄他。就算雷瑞的怒火逐漸消退，他還是不肯和珊卓拉說話，甚至把她當成空氣，不正眼看她。珊卓拉被他的激烈反應嚇到了，很納悶自己究竟犯了什麼大錯。

珊卓拉的行爲一點都不違常理，她無從預料雷瑞的過度反應，也很難事先防範這個狀況。

問題完全出在雷瑞身上。

害怕遭人背叛的危險是懷疑。**如果雷瑞想克服自己的害怕，他得待人忠誠（機會）。這麼做，他才會有更大的機會從別人那裡獲得同等的忠誠。**

害怕親密

✔機會：信任（trust）
✖危險：壓抑（inhibition）

艾比這一生不斷在為親密關係困擾。不論和哪個伴侶在一起，她從未覺得自在，而這往往成為她婚姻破裂的主因。如今，她已經六十歲了，她說自己從來不知道快樂為何物。她告訴我，她的生活一直都很孤單。

結果我們發現，她的害怕源頭是在十九世紀的某一世，她在瑞典一處偏遠的農場遭受虐待，只短暫活了幾年。

那是一段極為慘痛的生命經歷，艾比是一名小女孩，不斷遭受男性親戚性侵。十五歲左右，她把自己活活餓死之後，才得以脫離這種悲哀的命運。

在這一世，瑞典那段磨難的記憶仍然緊緊跟隨著她。不難預見，前世不被當成人看的結果，讓艾比這輩子缺乏自我認同的價值感。她不僅難以與人維持親密關係，也有體重過重的問題，這和她那一世的死亡方式有直接關係。

如果你前世遭到虐待，問題會在某個時間點顯現出來，讓你有機會可以面對並解決它。這項害怕的機會（信任）就是療癒之道。如果不去面對它，你的情緒將會受到壓抑，那就是危險所在。

害怕被人拒絕

✔機會：親密 (intimacy)

✖危險：孤立 (insularity)

密朵莉是一名年輕的日裔美籍婦女，有一個三歲大的女兒。她們過著像隱士一樣的生活，沒什麼膽量到這個世界探一探。不得不出門時，密朵莉總是把女兒環抱在雙臂中，或是緊牽在一旁，一刻也不會放鬆。

問事時，她的前世浮現了。二十世紀中期，她是一名年輕的韓國女性。她那時與一名日本士兵談戀愛，後來懷孕了。家人認爲她讓家族蒙羞，而把她逐出家門。

密朵莉一個人孤伶伶地在荒郊野地裡產子，最後因爲流血過多而死，死的時候，她內心的感受是被排擠、孤獨，而且被人瞧不起。

在那一世，密朵莉被親人遺棄，而因爲死亡不得不把新生兒單獨遺留在人間，則讓她覺得更不堪。

害怕被人排斥，讓這一世的她不願意相信任何人，因爲那樣太「冒險」了。她認爲自己可以自給自足。悲哀的是，她因爲害怕被人拒絕，除了自己的女兒之外，無法跟任何人維持親密關係。她陷入了這項害怕所對應的危險之中，也就是孤立。

現世被認爲有遺世獨居傾向的那些人，通常都有害怕被人拒絕的問題。在超市看不到媽媽而放聲大哭的小孩、或害怕每個愛人最終都會選擇離開自己的女性，前世可能都曾經遭人遺棄。

密朵莉若想克服自己的現況，應該選擇的機會是親密。允許自己與他人建立親密關係，才能克服這個深深影響她及女兒的生活方式。

害怕表達自我

- ✔ 機會：自我接受 (self-acceptance)
- ✖ 危險：諂媚 (sycophancy)

接下來同樣是東方人的例子，安卓雅是一名會計師。前世，她曾是日本妓院裡的娼妓，她得把自己僞裝起來，日復一日極力討好那些她憎恨的嫖客們。

當某個男嫖客殘酷地虐待她時，她終於爆發了，扯掉僞裝的面具，不顧後果地告訴他，她有多麼憎惡他。男嫖客也把自己對女性根深蒂固的仇視全數發洩在安卓雅身上，兇狠地毆打她，直到把她打死爲止。

臨死那一刻，安卓雅的感受是極其憤怒，憎恨自己這輩子必須不斷演戲；而因爲長期被迫接客，她也對那些嫖客充滿恨意。

在這一世，她一直無法表達自己眞正的感受、或是把自己眞正的感覺透露給其他人。她的靈魂忘不了那一世，在她終於表達出自己的眞實感覺時所嘗到的後果。她讓自己成爲一隻「變色龍」。沒有人能認識眞正的安卓雅，因爲不論她和誰在一起，都會依據那個人來量身形塑自己的人格。

「保守的朋友認爲我很保守，外放的朋友則認爲我很放得開，」她說：「我做過最可笑的事是假裝自己是天主教徒，而我實際上是在路德教派的家庭長大。結果我沒有辦法再去找同一個美髮師，因爲她會不斷問些我回答不出來的問題，像是我上哪間教堂、我認不認識誰啦，眞是令人尷尬！」

與害怕表現自我對應的危險是諂媚，也就是老說些自認別人會想聽的話。機會則是自我接受，並眞實認清：**說出自己的意見是不會有生命危險的**。

害怕權威

✔機會：平等 (equality)

✖危險：自卑 (inferiority)

因爲密謀反叛哈布斯堡王朝（Hapsburg）[2]某位國王而被判罪（他其實是無辜的），法蘭克遭到嚴刑拷打，最後以絞刑處死。死時，他深信權威本身就是不公正的。

在這一世，法蘭克只要看到警察，心臟就會不自主地撲通撲通狂跳；他也很討厭過海關，即便他根本就沒有攜帶任何違禁品。

後來法蘭克讓平等這項機會充分發展，他與權威人士之間的「糾葛」很快就煙消雲散了。如果沒有這麼做，他現在可能還深陷在自卑的危險之中。他從小就有很深的自卑感，他把學校裡的老師視爲令人生畏的權力象徵。

前世被絞刑處死的記憶成了法蘭克和權威人士談話時的障礙：他會產生難以吞嚥的現象，有時甚至說不出話來。

害怕低人一等

✔ 機會：自信 (self-confidence)

✖ 危險：嫉妒 (jealousy)

低人一等的感覺唯有在靈魂懂得比較與對照時才會產生。很多人可以跟別人比較而不心生嫉妒，但是如果你帶著前世的宿怨，莫名的嫉妒就會油然而生。

茱莉亞是紐約某大型廣告代理商製作部門的年輕助理。她的問題是，她會不由自主地嫉妒周遭的人。「我眞是個討厭鬼！」她告訴我：「我一直都是這樣，我不知道自己究竟怎麼回事，老是見不得別人好。」

由於無法從現世找到原因，我們回溯了她的前幾輩子，到了文藝復興時期的義大利，茱莉亞當時是一名偉大藝術家的情婦。

儘管她的情人已經結婚、育有一大群孩子，她在那一世一開始並沒有嫉妒的問題。但是在她的情人全家移民海外，拋棄了她之後，她變成了一個充滿怨妒、尖酸的女人。幾年後那名藝術家過世了，茱莉亞極度悲傷。他的離棄雖然令茱莉亞憤怒，但她對他的愛卻從未停止過。

她不禁拿自己跟藝術家的髮妻比較，覺得自己必定是遠不如她。畢竟，他最後是選擇和妻子共度餘生，而不是她。

每當茱莉亞拿別人的幸福跟自己比較時，前世的記憶就會如影隨形地糾纏她。

如果能夠建立自信，就連最善妒的人都可以克服前世的傷痛，避免和他人做不當的

2 歐洲最古老的王室家族。

比較。如此將有助於避開嫉妒這個危險。

害怕失勢

✔機會：彈性(flexibility)

✖危險：不妥協(intransigence)

溫蒂有一世生活在北愛爾蘭。當時，她是一名年輕男孩，舉目無親，在一間亞麻工廠工作。他的雙腿在意外事故後慘遭截肢，由於沒有受過什麼教育、也無法再從事任何粗重的工作，他流落街頭行乞。最後，他爲了與人爭執一分錢而遭到殺害，死時，他覺得那輩子從來沒能爲自己做任何決定。

在這一世，溫蒂不止害怕失勢，還帶著控制的使命。結果，無論是在工作或私人生活上，她都不斷得面對權勢與控制的問題。歷經過那一世，覺得自己是悲慘命運的受害者之後，她往往很容易走到另一種極端，不計代價要抓住權力。

當溫蒂想和老闆談判薪資時，極有可能危及彼此的關係，我的指導靈鼓勵溫蒂要懂得退讓與妥協。不妥協這項危險並不容易克服，但是如果能夠做到，就能得到相對應的機會（彈性）。彈性讓一個人能夠自己做決定，卻又不致於忽略其他人的需求。

控制狂

我們往往會用「控制狂」這個略帶貶低的字眼，來描述那些看似充滿欲望想控制他人、控制自己、或控制周遭環境的人。

如果我們可以理解這些人是正在面對不妥協（害怕失勢對應的危險）的挑戰，就會給他們多一點的同情。

害怕失敗

✔機會：耐心 (patience)

✖危險：急迫 (urgency)

害怕失敗源自於人們以前曾經有一世、甚至好幾世，還來不及完成生命計畫之前就過世了。

艾倫就是其中一位。

一九四〇年，第二次世界大戰爆發剛滿一年，艾倫是一名住在德國首都柏林的七歲男孩，他和姊姊在某次英軍空襲中喪生，這名小男孩當時並不知道，他原本應該是要平安長大，並且成為一名醫生。

在那一世與這一世之間，他還有另一次意外短暫的生命。這些經歷加總起來，讓他害怕自己這一世的生命可能也無法完整走完。

今世的他如願成為一名醫生，艾倫參與了一項創新研究計畫，他卯足全力要讓這項計畫盡善盡美。這麼做不是為了自身的名聲，而純粹是為了幫助其他人。他一向知道，他生來就是為了讓人們生活得更好。

「七歲時，我看到電視上播出非洲貧童的景況，」他告訴我：「我有一股想要幫助他們的強烈衝動；在我八歲時，我就決定要成為一位醫生。」

害怕失敗會讓人感覺時間好像不夠用。「你是不是很擔心這輩子會來不及完成你的研究計畫？」我問他。

「擔心？」他說：「事實上，只要想到自己說不定會在這項工作完成前就死掉，我就會很恐慌。」

雖然艾倫擔心無法及時完成這輩子的計畫，但他並不擔心死亡本身。身為七級靈魂，他已經面對死亡很多次了。

艾倫相當成功地克服了這項害怕所對應的危險（急迫）。在我們第一次見面時，艾倫是我見過最沒有耐心的問事者之一。如今，他已經脫胎換骨變成另一個人。他讓耐心這項機會充分發展，學會讓生命以它自己的步調展現。

害怕死亡

✔機會：接受 (acceptance)

✖危險：恐懼 (phobia)

許多看似莫名奇妙的害怕，根本的原因其實是死亡。透過催眠療法，艾瑞克找出了自己害怕孤獨的原因。他發現，自己曾經有一世死在希臘的某座湖邊。當他的靈魂離開軀體時，孤獨的感覺淹沒了他。他渴望能死在自己家中，身邊有家人圍繞。

雪莉曾經有一世是在一艘駛離德國漢堡的小船的引擎室裡工作。由於她不小心造成汽鍋爆炸，導致數名船員死亡。因此在這一世，她總是極度害怕犯錯，即使是非常微小的錯誤。在她內心深處，她相信她的誤判有可能引發可怕的後果，像是導致自己或他人的死傷。

觸發事件

你或許三歲時曾經被狗咬過，因此看到狗就害怕。但是這類事件是不可能過度發展成為恐懼(phobia)的。

事實上，孩童時期的創傷，例如遭到狗的攻擊，與其說是起因，還不如說是一個觸發事件，提醒你前世曾經發生過什麼事。

恐懼的根本原因不外乎源自對死亡的恐懼。在接下來的段落，我們會逐一檢視十項最常見的恐懼，這些恐懼如同上述，都跟人的前世有關。

我們通常會隨著靈魂年齡的增長而逐漸不畏懼死亡，但是，過去的一場意外，還是有可能讓人對死亡帶有恐懼。

卡洛向來害怕全身浸到水中。在學校裡，當她不得不跳入泳池、潛入池底時，「其他孩子都沒事，但我卻開始載浮載沉，快要溺水了，最後老師不得不跳下水來救我，」她說：「我一到水裡就渾身不對勁，直到現在還是一樣。我上過的游泳課比其他人都多，你想像不到有多少。」

透過催眠療法，她回到過去某一世，她當時是個男性，死得很慘。

「我看見樹林和草地，」她緩慢地說：「有一座湖……我不諳水性……我自己一個人在釣魚。我好像穿了很多衣服……是既笨重又粗糙的皮革……」在她說話時，她的雙手開始亂晃、臉頰也開始發紅。

「我覺得自己沉到了水裡……船進水、衣服也濕透了，沉甸甸的重量把我往下拉……我往下沉……拼命掙扎想要浮出水面……」

我問她，這件事發生時她心裡閃過什麼念頭。「我很怕會溺死……我知道自己在往下沉……」她上氣不接下氣地說。

這時候，我引導卡洛離開她的靈魂脫離身體的那一刻。「妳對剛剛經歷的前世有什麼感覺？」我問。

「我很難過……我很想活下去……不想離開親人。」

催眠療法通常是用來幫助人們克服恐懼，卡洛也不例外，她的害怕因此獲得了很大的改善。問事結束之後大約一年，她和丈夫及友人前往普捷灣 (Puget Sound) 玩獨木舟，獨木舟翻了。

「當時就像前世發生的情況一樣，」她說：「我一直往下沉，很驚慌。但是我有穿救生衣，在我意識到自己不會往下沉時，感覺好多了。我們花了大約二十分鐘才游到岸邊。抵達岸邊時，我打從心底大笑了起來。」

我們即將探討的十項主要恐懼，每一項的源頭都可以回溯到過去某一世，以及這一世使它浮出表面的觸發事件。

莫名的害怕

我們用「莫名的害怕」一詞來描述恐懼。然而，對你的靈魂而言，一切絕對有其道理存在。當靈魂遇到一個觸發事物，他的反應會是：「喔，天啊！記得上次我們遇到同樣的情況時，發生了什麼事嗎？」（而答案會是：「我們死了！」）

害怕死亡不盡然是因為恐懼，但是恐懼卻總是由害怕死亡引起的。

十項前世的恐懼

- 失去掌控 (loss of control)
- 開放空間 (open spaces)
- 生病 (sickness)
- 密閉空間 (enclosed spaces)
- 陌生人 (strangers)
- 黑暗 (darkness)
- 未知 (the unknown)

- 批判 (judgment)
- 水 (water)
- 高度 (heights)

你的靈魂在怕什麼，跟你在死亡那一刻的情緒狀態息息相關。因此，從靈魂深處去了解死亡當時的情景，就是克服恐懼的關鍵。害怕死亡的機會（接受）正好可以幫你對症下藥。也就是說，認知到你所害怕的事物並不會致你於死地時，就可以克服害怕。至於其對應的危險，當然就是恐懼了。

以下所列舉的恐懼，是受靈魂影響而產生的莫名害怕中最常見的十種。

恐懼失去掌控

死亡那一刻覺得自己無法自主做決定時（例如，被迫上戰場），靈魂對於自己無法掌控的情況就會感到害怕。觸發事件可以是看牙醫、搭飛機，甚至是驚慌的感覺本身。

恐懼開放空間

會對開放空間感到恐懼，是因爲當靈魂離開肉體時，沒有與靈魂層充分連結。而這多半是因爲毒品或藥物治療的影響，或甚至是無法接受死亡的事實所導致的結果。此時的靈魂會發現自己在肉身層與靈魂層中間徘徊、游移。

在抵達靈魂層之前，靈魂將有機會體驗他本身、以及宇宙的浩瀚無垠。如果他還沒有準備好，便可能會因爲過度受驚而想要退回肉身層。但是，靈魂得先斷絕與肉身層的連結之後，才能找到並前往靈魂層。

觸發事件是開放空間、人群及高度。

恐懼生病

在完成生命計畫之前即死於疾病，容易讓靈魂認爲生病會致死。觸發事物是血、嘔吐、醫生、醫院及其他會令人聯想起生病的事物。

恐懼密閉空間

對密閉空間感到恐懼同樣可以在那些難以離開肉身層的靈魂身上發現。肉體被焚燒時，靈魂如果還在現場（這和被活生生燒死不同），他也會把這經驗與死亡連結。

當行動受到限制或遭到幽禁等這類觸發事件發生時，靈魂便會想起前世發生的事，因而產生驚慌。

恐懼陌生人

年輕的靈魂容易對來自不同文化的人產生不信任感或懼怕。但是對陌生人感到強烈的恐懼，卻是因爲死在外地人面前所引起的。這種多半發生在戰場上（死在家人、朋友或熟人面前，靈魂會自在許多）。觸發事物是種族特徵、外國腔調及不尋常的臉部特徵。

恐懼黑暗

恐懼黑暗是發自內心深處非常眞實的恐懼，原因是死亡之前曾經陷入昏迷或失去意識。呈現的方式之一是害怕在公共場所昏倒，這往往是因爲靈魂前世曾經在死前處於孤立無援的狀態所致。

不令人意外地，觸發事件是黑暗，但也可能是暈眩感或「靈魂出竅」的感覺。

恐懼未知

我們已經了解，當靈魂死後「走進一團亮光」時，有可能發現自己迷失在肉身層與靈魂層中間。這種情形不常發生，但是一旦發生了，產生的創傷是極大的。

一旦迷失，死亡經驗較少的年輕靈魂最有可能經歷無法承受的害怕，他們往往會認爲，離開肉身層之後什麼都沒有。

觸發事件是面對不熟悉的環境，靈魂經常會把它與死亡連結。

恐懼批判

死前如果遭受嚴厲或不公平的審判，這一世遇到公開演說、表演或考試等觸發事件時，靈魂便會產生害怕的情緒。靈魂會擔心過去的經驗重現，接著被宣判死刑。

害怕批判這麼常見的原因是，觸發事件持續不斷在發生，而且許多都是無法避免的。讓多數人產生最大焦慮的事件是公開演說；不過，即使只是輕微的社交焦慮症，可能也可以歸咎於恐懼批判。

前世的批判可能是在法庭上進行，例如，被認定是巫師而受審；但其實世上還有更多常見的原因會引發這項恐懼。

試看歷史上殘酷的宗教與道德迫害，有多少人因爲被判定是次等人種而遭到大屠殺啊。

恐懼水

想想卡洛的經歷，前世溺水的經驗會在未來某個時間點回頭糾纏你，而觸發事件自然就是水了。

許多溺死的人會發現自己懸浮於肉身層與靈魂層之間，而這種情形有時候會引發另一項恐懼，懼高。

恐懼高度

前世若是死於車禍、爆炸或戰死沙場，對靈魂而言是巨大的震驚，不論他們對於遭遇不測有多充分的心理準備。

事實上，突然或猛烈地被迫與肉體分離的經驗，往往令靈魂害怕再次與肉身層脫離。就像恐懼開放空間一樣，懼高也和迷失於肉身層及靈魂層中間有關。觸發事件是高度，高度會讓靈魂聯想到與肉身層分離會導致死亡。

本能的害怕

並非所有疑似「莫名的害怕」都真的是恐懼。有一些像是害怕打針、蜘蛛、蛇，甚至是鳥，其實是本能的，人類天生自然的反應。

我們必須勇於面對前世的害怕，不能視而不見。由於它們都是你心靈進化的阻礙，面對並加以克服是你最有利的選擇。如果今世不解決害怕的問題，它們將繼續跟隨著你到來世。

假如你不想生生世世帶著靈魂前世累積的這些記憶，以下方法將協助你根除內心的害怕，這些方法其實是有趣的。

找出並消除前世的害怕

你的害怕可能不只一項。但一次處理一項就好，這很重要。戰勝任何害怕的第一步，便是確切找出你究竟在害怕什麼。第二步則是徹底擊潰它，讓害怕知道究竟誰才是主人！

讓我們開始吧。進入冥想狀態（參閱引言「簡單的冥想技巧」），召請你的指導靈。請求祂們協助你完成以下練習。

步驟一：找出害怕

利用下列清單協助你了解前世有哪些害怕跟隨你一起來到了今世。

- 害怕失去：相信每件事物明天都會消失。
- 害怕遭人背叛：覺得人們總是令你失望。
- 害怕親密：情感上或身體上抗拒過分親近他人。
- 害怕被人拒絕：相信太親近某人將導致他們離開你。
- 害怕表達自我：容易依據和誰在一起，而決定說話、舉止的表現。
- 害怕權威：和穿著制服或權威人士在一起，會感到不自在。
- 害怕低人一等：嫉妒那些看起來比自己幸福快樂的人。
- 害怕失勢：堅持要管控自己的人生。
- 害怕失敗：擔心沒有足夠的時間完成自己的目標。
- 害怕死亡：感到恐懼。

害怕：________________

步驟二：消除害怕

繼續處於冥想狀態，召請你的指導靈，請祂們協助你消除你的害怕。

站著面對浴室的鏡子，直視自己的眼睛，告訴你的害怕，你再也不願受它擺布了。

別對它心存一絲憐憫（想像自己是正在痛擊對手的一名職業摔角選手）。

就像這樣說：「聽好，害怕——！我受夠你了，你這惹人厭的東西！我要親手殺了你，我要成爲結束你的殺手。你最好趁早滾開，我不會再和你鬼混了，你滾吧……就是現在！我要消滅你……」之類的話。

當你結束時，謝謝你的指導靈，並告訴祂們：「問事結束。」

每天都給自己幾分鐘的時間進行這項練習。如果你的害怕不只一項，在你察覺到目前這一項害怕已經有顯著的改善之後，再繼續處理下一項。

只要能清楚說出你的害怕，其餘部分你究竟用什麼字眼表達並不重要。如果你要解決某項恐懼，可能的話就找出它，否則就統稱它爲「害怕死亡」。你的靈魂及你的指導靈會知道該怎麼做。

你不必大吼大叫，你可以齜牙咧嘴，把那些話從牙縫中擠出來，盡可能加上你的情緒，好好玩吧！如果你無法站在鏡子面前做，那麼你可以在塞車時或是在某個安靜的地方，盡情地執行。

在公眾場合時，小心「殺手」、「消滅」這類用語，你不會想要引來警察盤查吧！

如果你的害怕並不嚴重，或是你眞的無法採取這種挑釁的方法，還有一些比較不誇張的作法，可以處理這些前世帶來的負面問題。同樣地，你需要進入冥想狀態，召請你的指導靈，並說出以下的請求：

「我在此召請我的指導靈，以我的最高利益爲主，協助我克服我前世的害怕，並允許我活出我的靈魂想過的人生。」

別忘了謝謝你的指導靈，並告訴祂們：「問事結束。」

在這章的開頭，我提到一名有嚴重表演焦慮的歌手。在探索了前世遭遇、並運用消除害怕的方法之後，她已逐漸能夠克服自己的害怕，並再度站上舞台表演了。

現在，讓我們回到現世生活，探究另一種阻撓你活出你靈魂想過的人生的障礙。這障礙把自己僞裝得太好，許多人都難以辨識出它來。然而，我們所有人幾乎都難以逃出它的掌控，即便今世逃過了，以後輪迴轉世時也會碰上。

第六章 平衡之門

第五門課 渴望：避開錯誤的目標

渴望是受到塵世影響的結果，那不是靈魂真正要的目的，而且會阻礙一個人的生命計畫。

——作者的因果層指導靈

我們每一個人來到世上都有一項人生計畫，但要堅持到底並不容易。因此我們將跨入下一道門，平衡之門。在那裡，我們可以學習如何在「純屬人類的渴望」以及「靈魂爲了讓你堅守生命計畫的需要」之間取得平衡。

你的靈魂希望你專注在這趟人生的目的，也就是說，你必須避開許多讓你分心的事物。因此，我們得走一趟平衡之門，勇敢面對我們稱之爲「渴望」的東西，它們會誤導我們偏離自己所選擇的生命計畫。

小木偶皮諾丘的錯誤目標

記得《木偶奇遇記》*(The Adventures of Pinocchio)* 裡的小木偶皮諾丘如何被誘離正途嗎？他應該做的是去學校上學，然而，才離家幾分鐘，他人卻在一家酒吧裡，裡頭到處都是抽著菸、玩撞球的流氓。

他的目標是學校；他的渴望，也就是他的錯誤目標，卻是五光十色的世界。

不幸的是，皮諾丘不是唯一會這樣的人。我們都曾經在某段時間裡因為某些事物而分了心。我們有些人花了一輩子的時間追尋自己的渴望、而不是使命。結果心靈處於停滯狀態，我們的靈魂將會發覺他在這一世無法有進一步的提升。

渴望根植於肉身層，與靈魂世界無關，因此，渴望並沒有任何心靈上的價值。你有多常聽到金錢無法買到幸福這樣的話？我們不是都知道身分地位最終都是一場空嗎？

那麼，教育或是健康呢？它們難道不是值得追求的渴望？沒錯，它們確實值得追求。**事實上，所有的渴望都值得追求，只要適度的話。**

與任何渴望對應的機會，就是你的靈魂眞正想要的，你得平衡你的渴望，使它不至於干擾你的生命計畫，如此才能實現它對應的機會。其危險是緊抓著渴望不放，結果會很不幸，因爲它會阻撓心靈的成長。當我們逐一探索這十項渴望時，你會見識到它們令人沉迷的吸引力，如果不去平衡的話，是會對你造成傷害的。

十項渴望

- 渴望安全（safety）
- 渴望財富（wealth）
- 渴望教育（education）
- 渴望誘惑（glamour）
- 渴望吸引力（attraction）
- 渴望地位（status）
- 渴望健康（health）
- 渴望權力（power）

- 渴望名聲 (fame)
- 渴望不朽 (immortality)

渴望安全

✔ 機會：成就 (achievement)

✖ 危險：停滯 (immobilization)

有句格言說：「船停泊在港灣是安全的，但那並不是造船的目的。」

渴望安全會阻撓你達成靈魂為你這一生所規劃的所有目標。你或許覺得窩在個人的港灣裡很安全，但如果要實現你的生命計畫，你便得探出頭，冒點兒險、走進這個世界。

我的一位請事者茵娜似乎最不可能會是渴望安全的人。她剛離開丈夫，一週內，已經準備好要離家飛往新幾內亞 (New Guinea)，[1] 在一個愛滋病慈善機構工作了。

1 位於南半球澳洲北方的島嶼。

「我花了一輩子的時間不斷在追尋安全感，」她說：「嫁給一個無趣的男人，做著一份乏味的工作，一切都只因爲我想要一份安全感。」

那麼，是什麼改變了她呢？當孩子長大離家之後，茵娜（十級的思考者靈魂，帶有心靈者的影響力，身負關係與改變的使命）檢視自己過去的日子，認爲那並不是她想要的。她看穿了幻象，並了解到自己的未來應該用來幫助比她更不幸的人。

多數人都知道害怕未知是怎麼一回事。但是這股害怕一旦失控，對安全的渴望就會令人止步不前，什麼事都做不了。但大多人不會像茵娜一樣下定決心改變，寧可選擇待在安全所提供的「確定性」幻象裡。

但那只不過是幻象。茵娜對於單調乏味的生活會感到快樂嗎？一點兒也不。她花了這麼多個年頭才學會拋開了危險（停滯），把自己推向未知但充滿驚奇的機會（成就）。如今，她已經踏上尋找意義的成就之路，活出了她的靈魂想過的人生。

渴望財富

✔ 機會：機會 (opportunity)

✖ 危險：實利主義 (materialism)

這是一般人最常見的渴望。想得到財富有什麼不對嗎？完全沒有。我們都需要錢才能生存。**問題是，當你過於迫切渴望財富時，這股渴望會使你偏離你的生命計畫。**

丹妮絲請我幫她一個忙，跟她的丈夫有關。幾年前，她先生朗恩和一對騙徒一起做生意，他們利用他的錢和信用在邁阿密買了一筆房產出租。

朗恩對不動產一竅不通，但是這筆看似可以不勞而獲的進帳，深深吸引著他。合夥人精心設下騙局，騙走了他的資金，卻沒有給他任何股份。

爲了爭取自己的權益，朗恩決定控告這兩個合夥人。但是，官司進行得並不順利。纏訟多年，朗恩付出了不少代價，而且還有漫長的路要走。更糟的是，那兩個騙徒還反守爲攻、抹黑他，朗恩極可能會賠了夫人又折兵。壓力正在吞噬著他。

當我和丹妮絲談話時，突然發現朗恩的父親就站在我面前。

「朗恩的爸爸在我旁邊。」我說。

「喔，我的天！」丹妮絲激動地嚷著：「問問他對這件事的看法，當他還在世時，朗恩總是會聽取他的意見。」

訊息清楚傳來。「這會毀了他，」朗恩的父親說：「叫他放手吧，把心思放在眞正重要的事情上。」（眞正重要的事是指照顧他的家人。「金錢無法取代愛」是朗恩要學習的課題之一。）

丹妮絲同意：「我不斷告訴他，這件事會毀了他，但他卻像是著了魔一樣。」

我的指導靈提出一些小意見。他們說，朗恩對財富的渴望讓他盲目、看不清事實。他會覺得很不平，並不令人訝異。只不過，事情是源自他的渴望，不僅把他推向這筆利慾薰心的交易，還讓他陷入一場沒有勝算的官司之中，無法抽身。

當我們把心力都放在賺錢上頭，而不是實現我們的生命計畫，幸福就會與我們漸行漸遠。**渴望財富的目的，其實是希望得到財富提供的機會**。但是對財富的渴望一旦失衡，就會演變爲實利主義（即這項渴望對應的危險），阻礙心靈的發展。

渴望教育

✔機會：知識 (knowledge)

✖危險：因循苟且 (procrastination)

渴望接受教育到底哪裡不對了？一般而言是沒有。我們通常不會覺得自己擁有夠多知識了，但是有時候，夠了就是夠了。

渴望接受教育會讓你擁有知識這項機會，但是一旦失去平衡，它就可能分散你的心思，讓你一再「延畢」，活不出你的靈魂想過的人生。

看看那些「永遠的學生」就知道了，他們總是修完了這個課程、又選修另一個，他們不斷學習，卻從來沒把這些知識學以致用。

以凱莉為例，她的靈魂最不希望她去做的，就是返校去完成最後一年的課業。當暑假接近尾聲、學校快開學時，凱莉愈來愈痛苦，完全不知道自己該不該回去完成學業。

找出答案並不難，凱莉真正在苦惱的（屬於創造者靈魂類型），其實是該不該回藝術學校完成最後一年的學業，而不是要不要抓住眼前難得的機會。她坐在我對面，眼淚就快掉下來了。

「有人要我負責畫一本童書的插畫，還有一些海報設計的案子快要談成了，」她告訴我：「問題是，我再一年就能拿到學位了，一方面覺得不應該現在放棄，另一方面又很不甘願回學校去。」

「妳的職業生涯已經展開了，」我告訴她：「妳的靈魂現在要的，是希望妳走妳該走的路，妳並不需要回學校再待一年。」

無論我再怎麼問我的指導靈這個問題，祂們都看不出凱莉回學校有什麼意義。「如果回學校真的對她有益，」祂們說：「告訴她，未來任何時候，她都可以再回去完成學業的。」

那晚，凱莉的媽媽萊絲莉打電話來謝謝我：「我都快忘了上回看到她這麼快樂是什麼時候了！」

不過，隔天中午，萊絲莉又打來了。「怎麼會這樣啊！」她對著電話筒喊道：「凱莉剛和當初鼓勵她念大學的男同學吃飯，他說服凱莉回學校。現在，她又開始覺得沮喪和困惑了。」

她懇求我跟凱莉再見個面、說服她。我向她解釋，我的工作並不是說服任何人去做、或不去做任何事。但萊絲莉一再央求。

當晚，我和凱莉見面聊了一下。我把告訴她媽媽的話再說一遍。「我的指導靈給我的答案是不會突然改變的，」我解釋：「祂們不認爲妳需要再回學校去。但是，最終的選擇權在妳手上，聽從妳自己的直覺吧，別管我的指導靈或其他任何人怎麼說。」

談到這兒，凱莉突然笑了起來。「我想我知道該怎麼做了。」她說。

六個月之後，凱莉已經是一名專業插畫家了。最近一次見到她時，我問她一帆風順的滋味如何。「我剛搬進一間工作室，案子持續不斷進來，」她說：「我的生命再沒有比現在更棒過了。」

✔ 機會：刺激 (stimulation)

✖ 危險：疲憊 (jadedness)

第一次海瑟來問事時，我告訴她，她即將遇到一位名叫伊莎貝拉的人。一天後，她果眞遇到伊莎貝拉了，只不過與她想像的有點出入。伊莎貝拉是她在派對上遇到的，一個身高一百九十並且有變裝癖的人。

在火人祭 (Burning Man)，也就是每年在美國內華達州黑石沙漠 (Black Rock Desert) 舉辦、爲期一星期的慶典，海瑟參加了一場接一場的祭典派對。

「我一向很叛逆，」她告訴我：「我追尋非世俗的生活方式，而我在火人祭當中找到了。」

週末杯觥交錯的迷人派對一場接著一場，「我連續幾天都沒睡、沒闔過眼，接連參加好幾場派對。」

後來，海瑟開始跟一名有毒癮的男子約會。「我本來就嗑迷幻藥，」她說：「那相當容易上癮，我也開始吸食大量古柯鹼。直到我遇見蓋瑞之後，一切更是急轉直下。我沉迷於安非他命，那眞是罪惡的東西。我意識到自己的生活已經失控了。」

有天晚上，蓋瑞開著海瑟的車，車子打滑撞上路旁的樹。「我們因爲吸食古柯鹼而處於極度亢奮的狀態，我們以最快的速度奔離現場。在那之後，我開始看見自己的世界分崩離析，也看到毒品對我造成怎樣的傷害。那一點兒都不好玩。我變得很難相處，也因此逐漸失去朋友。」

海瑟渴望誘惑的程度，讓她沉溺在快節奏生活所帶來的刺激之中，難以戒除。也是到了這個地步，她才終於意識到這種渴望對自己造成的影響。

雖然花了許多年的時間，但她終於走出頹廢的過去，找到她眞正需要的新生活：她從城市搬到了小鎮，和一位交往許久的男友一起在那裡種植有機蔬菜，而男友幾乎小了她三十歲。

渴望吸引力

- 機會：接受 (acceptance)
- 危險：膚淺 (superficiality)

喜歡跟年輕男性交往的不是只有海瑟一個，希莉亞同樣有一堆年紀比她小一半的男友。這兩位女性的共同點都是渴望吸引力：害怕失去她們的青春與女人味。

第一次見到希莉亞時，很顯然她正盼著找到一個能陪她度過餘生的人，然而她的外表傳達的卻是另一種訊息。光看她的穿著打扮、言行舉止，安定下來似乎是她最不想要的。

希莉亞害怕很多事情，其中拔得頭籌的是年華老去。「我的腦袋裡總是縈繞著變老、遭人遺棄的畫面。」她坦承。

年輕的時候，大多人，尤其是女孩子，都知道如何善用自己的青春美貌來得到特權。隨著她們逐漸年長，有些人卻過度沉迷於外在的美麗與青春。當察覺到年華不再，內心自然會驚慌。她們認為，自己能吸引別人的就是外在。

年輕的時候，希莉亞當過酒吧的服務生。現在，她晚上還經常流連在年輕時常跑的這些地方，希望能抓住青春的尾巴。

她把自己打扮得像個少女一樣，浪擲每個夜晚。**因此，她傳達的是一個混淆的訊息，她的行為實際上讓她偏離了自己真正的目標：尋找一位終生伴侶。**

許多成長過程中缺乏愛或自尊的人，往往會想利用外表的吸引力獲得別人青睞。不過，這種渴望會招致不幸的後果，也就是膚淺，讓人忘記肉身層之外的自己究竟是誰。

渴望地位

✔ 機會：尊重 (respect)

⊗危險：高傲(self-importance)

義大利有一句古老的諺語說：「棋局結束後，所有棋子都要回到同一個盒子裡。」這是要提醒我們，身分地位只在這個肉身層具有意義。你可能是地球上某位響叮噹的重要人物，但是當你回顧自己在肉身層的一生時，沒有人會，尤其是你的靈魂，在乎你的頭銜、擁有的地位、或是你最後爬上哪個社會階級。

渴望地位

佛陀已經清楚揭櫫：「這些頭銜、名望及競爭又如何？不過是世俗的幻境罷了。」

汲汲追求身分地位的人，多半是想要獲得其他人的尊敬。可惜，尊敬是無法強求的。他們積極追尋名利的結果，通常只是讓自己變得愈來愈高傲罷了。

擁有這項渴望的人得到相對應的機會最好的方式，就是正直地行使所擁有的權勢。

渴望健康

✔ 機會：強健 (fitness)

✖ 危險：疑病症 (hypochondria)[2]

渴望健康有什麼不對？當然沒有什麼不對，只要你仍維持著客觀的判斷力。

奧德莉就失去了她的判斷力。她開始在她位於洛杉磯公寓地下室的健身房鍛鍊身體，一陣子之後，她愈來愈早起，爲的是在上班前能有多一點時間跑步。很快地，她也利用午餐時間來做運動，下班後又到公園跑步。晚餐結束，她還會繼續健身一會兒。

「運動眞的讓我覺得活力十足，我逐漸除了運動什麼也不想。我跑步經過商店街時，會看著商店櫥窗反映出的自己。那是一種著迷，我全然陶醉其中。」她說。

那段時間持續了好幾年，奧德莉著迷於自己的體態。她會把一點點酸痛看成是重大疾病的前兆；因爲節食減了過多體重，她反而開始生病。

有一次，她在人行道上跌了一跤，跌斷了腳踝，接著生了一場大病。治療期間，

2 對自身感覺或徵兆做出不切實際的病態解釋，導致身心被此疑慮、煩惱和恐懼所占據。

她意識到自己有多麼走火入魔。於是，在她痊癒之後，就開始努力平衡自己對健康的渴望。

如果你的渴望是健康，體格強健（機會）將是你靈魂的目標。如果你聽過「疑病症」一詞，它正是這項渴望的危險。當你對自己身體的興趣不平衡之後，疑病症就會發生。

渴望權勢

✔ 機會：自信 (confidence)

✖ 危險：自負 (arrogance)

渴望權勢可能看起來很像控制這項使命，但是兩者之間有一項重大的差異：**渴望權勢只會出現在那些對自己很沒信心的人身上**。爲了建立自信，他們往往會運用手中的權力圖謀私利。

如果是世界級的領導人，他們會攻擊其他國家；如果是法官，他們會把嚴酷的判罰加諸於弱勢的人身上。如果是父母或配偶，他們會採取高壓、恐嚇的作法支配身邊的人。

渴望權勢的人有時候會刻意操弄環境，挑起某種反應（讓他們可以合理地行使權力）。一旦成功之後，他們便會採取嚴厲的措施，而這些措施都是爲了讓他們看起來更強悍。他們會開除整個工作團隊、侵略其他國家、或把法庭當成對付他人的武器。

他們的靈魂要他們得到的是自信這項機會，以及盡責地運用自己的權勢地位。一旦失衡，就很容易陷入自負的危險。如不細心體會，自負看起來無異於自信。只不過，自負沒有心靈品質。

渴望名聲

- 機會：認可 (recognition)
- 危險：無常 (transience)

「大約二十年前，我曾經有過短暫的風光，」愛蘇拉告訴我：「這給了我一個永生難忘的教訓。」

故事要從她位於美國中西部的家鄉所舉辦的才藝表演說起。愛蘇拉一直以來的夢想就是要成名，當時她十五歲，屬於表演者類型的她老幻想著路上的陌生人都認識她，愛慕她的粉絲會來向她要簽名，自己的照片也會登上雜誌封面。

因此，這場才藝表演顯然是她大展身手的良機。她報名參賽，唱了一首當時相當熱門的主題歌曲。

「我出盡了風頭！」她說：「走在路上大家都認得我，報上也刊登了我的照片。我被這些沖昏了頭，光看我的一舉一動，你可能會誤以爲我是好萊塢明星呢！」

接下來的幾個星期，愛蘇拉在幾場演唱會中表演，甚至上了地方廣播電台的節目。但也就這樣了。她嶄新的生涯就此畫上句號。

「我才十五歲就過氣了，」她開玩笑地說：「我以爲我的下一站是上強尼・卡森(Johnny Carson)的節目，結果不是，是回到學校。」

愛蘇拉的例子說明了，那些汲汲想出名的人，即使得到名氣也很難維繫。名聲如流水，尤其對那些才華有限的人而言。它給予許多人，尤其是表演者類型的人所追求的渴望。但是名聲的效應是短暫的。除了大眾喜新厭舊、無法預料之外，而且一旦紅過一陣子、熱潮消退後，名聲就一文不值了。

問問愛蘇拉就知道。「在我了解名聲有多膚淺之後，我開始把焦點放在我的最愛：鋼琴。過去幾年來，我因此贏得的媒體矚目更多於小時候所做的那些乏善可陳的表演。而且，我原本沒有打算要靠此出名，因爲我已經學到寶貴的教訓。我看清了名聲的本質，也體認到不要因爲它而偏離了自己熱愛的事物。」

渴望不朽

✔ 機會：成就 (achievement)

✖ 危險：死亡 (mortality)

生命在肉體死亡後將繼續存在，這個觀念很難爲多數人接受，尤其是那些深陷幻象之中的人。他們認爲生命只有一次，因此相當重視死後能否名留青史。

勿忘我

渴望不朽是某些人必須寫書、做記錄、贏得奧運金牌、甚至犯下一連串罪行背後的動機（當然，我並不是指每個人都是為了名垂千古才寫書的）。

渴望不朽的正面好處是，它會敦促人們去完成一些事，一些自己本來可能不會想去做的事。不過，和渴望名聲一樣，汲汲追求不朽的人很少能夠名垂千古。這就像，你想要寫一本偉大的文學小說，不代表你就眞的能寫出一部曠世鉅作（你寫的小說是否偉大，是由大眾決定，而不是你自己）。

渴望不朽最常出現在強勢的五級靈魂領導者類型身上，因爲他們許多人都無法跳脫幻象的糾纏，也多半相信人生只有一回。他們爲自己豎立紀念碑好彰顯他們的重要，以確保人們能永遠記得他們。過去，金字塔、皇宮及雕像等是他們最好的選擇。如今，比較可能的選項是以雄厚財力建蓋摩天大樓或運動場等。

不朽比較可能是你為某件事奉獻全部心力，無意間衍生的後續效應；刻意營造不朽，往往會不敵瞬息萬變的潮流。當然，無論你對不朽多麼煞費苦心，隨著肉體的死亡一切都會化爲烏有。

平衡你的渴望

無論是什麼渴望，它們都有一個共通點，那就是你愈汲汲營營想得到它，它就躲你躲得愈遠。

渴望是永無止盡的，而且通常難以具體化。就以渴望教育爲例，你怎麼知道受多少教育才是足夠？或是以渴望誘惑來說，放縱過度看起來不是很糟嗎？

克服渴望的關鍵不是摧毀它，而是掌控它。以維持平衡來調控渴望，而非予以壓制。

進入冥想狀態，召請你的指導靈，請求祂們協助你找出你的渴望。利用下列清單來提醒自己。

- **渴望安全**：需要穩定性或確定性。
- **渴望財富**：沉迷於聚積金錢。
- **渴望教育**：漫無目的地累積知識。
- **渴望誘惑**：想過與眾不同的生活。
- **渴望吸引力**：迷戀青春或身體外貌。
- **渴望地位**：想讓其他人敬你三分。
- **渴望健康**：念念不忘自己的體態。
- **渴望權力**：想要掌控支配別人。
- **渴望名聲**：汲汲追求別人的認可。
- **渴望不朽**：希望死後眾人能記得自己。

渴望：______

一旦你找到自己的渴望（不管幾項），以下是達成平衡，讓它們恰如其分、不至於干擾你的生命計畫的方式。

再一次進入冥想狀態（參閱引言「簡單的冥想技巧」），召請你的指導靈，請求祂們協助你平衡你的渴望。重複以下句子：

「我在此召請我的指導靈，以我的最高利益爲主，協助我平衡對的渴望，並允許我活出我的靈魂想過的生活。」

結束後，謝謝你的指導靈，並告訴祂們：「問事結束。」每天都重複這麼做，直到你覺得你的渴望不再妨礙你的生命爲止。

你的靈魂希望你能在肉體及心靈兩者之間取得平衡。以誘惑爲例，它並不存在靈魂世界，只能透過肉身層去體驗。正因爲如此，你的靈魂才會迫切想一探究竟。**你的靈魂並不要你放棄生命中任何有趣的事，他只希望確認你不致於太過放縱。**

當海瑟開始過著比較健康的生活時，她是否完全放棄自己對誘惑的渴望呢？答案是：沒有。

她只是把這股渴望擺在不致於破壞她生命的位置上，如此而已。她告訴我，她依舊喜愛打扮入時，和女友們啜飲美味的調酒。事實上，她現在適度地遵從這股渴望，而她也更喜愛這樣的生活。

沒了昔日的荒唐消遣，她才能夠踏實地過日子，知道什麼是重要的、什麼又是錯誤的目標。

至此，我們已經探索了開悟歷程中讓人分心的誘因之一。接下來，我們將進入轉變之門，看看你該如何克服前方即將遇上的最大障礙。

第七章 轉變之門

第六門課 挑戰：克服內在的敵人

挑戰並非必須容忍的難題，而是要去克服的障礙。破除障礙，你才不會因為過度害怕而處處受到箝制，也才能更開放自己接受你靈魂的指導。

——作者的因果層指導靈

挑戰不是你的朋友，它會阻礙靈魂的發展，阻礙你充分展現自我。不過，挑戰也是促使一個人成長不可多得的機會。因爲，克服它們是讓你的靈魂、讓你眞正的自我更耀眼的方式。

挑戰隨時都可能發生在你身上，但是最常成形於孩童時期。挑戰一旦形成，可能就需要花點時間才能克服（或者你可能無法克服，必須等到下輩子才能解決）。有時候，就在你覺得已經打敗它時，另一項挑戰旋即接踵而至，就像打地鼠遊戲一樣，好像永無止盡似的。更糟的是，你幾乎一次都得同時面對兩項挑戰。

有些挑戰不太嚴重，你很難注意到它們的存在。有些則強烈到足以形成一個人的特質。費爾茲 (W. C. Fields)[1] 活脫就是一個帶著譏諷挑戰的丑角。

在這套指南中，我們以接受挑戰，做為避開某項害怕的方法。接下來，我們要來檢視每項挑戰的根源。

鐵製的救生圈

我們通常會緊抓著自己的挑戰不願放手，彷彿那是我們賴以生存的東西。就像是鐵製的救生圈一樣，表面上像是要幫助我們，但是如果我們不學著放手，就會慢慢地被往下拉，最後滅頂。

1 一八八〇年至一九四六年，美國喜劇演員。

我們每個人都有一項主要挑戰及一項次要挑戰。雖然它們各自獨立運作良好，但是又經常相互影響。以頑固爲例，這是最常見的挑戰之一，如果再加上不安全感，你可能就會缺乏自信，又極度抗拒改變。但如果是頑固加上自我毀滅，你就可能成爲酒鬼，讓自己喝到死爲止。

不過，好消息是挑戰是可以克服的。其克服之道就是努力培養相對應的機會、避開危險。面對不安定的挑戰，表示你得學習「接受」（機會），好甩開相對應的危險，也就是性急。

本章結尾處的練習會告訴你如何擊敗所有挑戰。

十項挑戰

- 頑固 (obstinacy)
- 不安定 (restlessness)
- 自我犧牲 (self-sacrifice)
- 自我毀滅 (self-destruction)
- 不知足 (insatiability)

- 不安全感 (insecurity)
- 自大 (conceit)
- 惰性 (inertia)
- 譏諷 (cynicism)
- 挑釁 (aggression)

頑固

- ✔ 機會：彈性 (flexibility)
- ✖ 危險：不變 (immutability)

頑固這項挑戰將會封閉你對自己及世界的看法，難以改變，即使有新資訊出現也一樣。它可能會阻礙你學習新事物，因爲你抗拒改變舊有的信念。

潛藏在頑固底下的，其實是一顆害怕改變的心。孩童時期遭逢父母離異、經常搬家以及缺乏情感上的安全感，都是常見的成因。

缺乏改變的能力會使你不容易寬恕別人，因爲它會阻礙你重新評估今昔情勢的變化，讓人變得極其倔強固執。

精神錯亂的定義

富蘭克林曾經說：「精神錯亂的定義就是重複做著一樣的事，卻期待會有不一樣的結果。」這或許最能用來形容帶有頑固這項挑戰的那些人。

許多人因為頑固，而讓自己陷入一段感情或一份工作，久久無法自拔。他們的感覺有點像是「既然都已經堅持這麼久了，我不打算放棄。」

見到布麗姬明顯面臨了頑固這項挑戰時，我知道我們的溝通之路肯定不會順暢。

問事接近尾聲時，我們果然遇上一陣「亂流」。當我的指導靈提起頑固這項議題時，她否認自己有任何問題。祂們開始向她提出一些引導式的問題，例如，頑固對她有什麼影響，但是布麗姬一直無法接受自己很頑固的說法。

我心想，那就算了吧，但是我的指導靈不放棄（布麗姬也一樣！）。

你來我往持續了大約二十分鐘，我開玩笑地說：「不如我暫時離開一下，讓你們雙方繼續爭辯下去吧！」

然後我的指導靈問她：「妳覺得妳的繼母為人如何？」

「我愛她。」她說。

「妳確定嗎？」

「當然。」

「妳相當肯定嗎？」

「是的，當然。」

停頓了一會兒，我的指導靈再度詢問：「妳一直都愛她嗎？」

「不，在我第一次見到她時，我恨她。」

「妳當時一點兒也不愛她嗎？」

「不，我恨她。」

「毫無疑問嗎？」

「是的。」

「所以，妳那時候覺得妳恨她，現在認爲妳愛她。」

「是的。」

這一切究竟是要傳達什麼重要訊息呢？其實我的指導靈是要讓她了解，**一個人對這個世界的看法並非不可動搖，是會改變的**。

我的指導靈想要改變布麗姬的信念。原來，她的靈魂希望她能懷個孩子！但是，她頑固的那一面卻一再阻撓這個念頭。「我愛我現在的生活，」她說：「我不確定自己能否接受另一種生活。」

幾個月後，我再度和她對話。她說自從上次問事之後，她注意到自己的生活有了重大改變。那麼，組織一個家庭的事進展如何？「我們正在思考這個問題。」她說。

不安定

機會：接受 (acceptance)

危險：性急 (impatience)

你有沒有遇過一種人，他們總是覺得，找到下一份新工作、取得碩士學位、遇到對的人、搬到新的城市、把房屋改頭換面重新裝潢、生個小寶寶、退休、或是達成數百項目標中的一項之後，一切就會好轉？若是如此，他們很有可能都是面臨不安定這項挑戰的人。

享受大猩猩

兒子四歲時，我帶他去動物園玩。整個早上，他一直口齒不清地說著他要看的幾種動物。不過，等我們到了那裡，他卻一個籠子跑過一個籠子，根本沒停下來仔細觀看那些動物。後來，他跑著讓我追，我在靈長類動物籠子前把他抓個正著。為了讓他看得更清楚，我抱起他並輕聲地說：「知道嗎？與其不斷想著下一步要做什麼，你應該學習享受當下。」

他說：「那不是當下，爹地，那是隻大猩猩。」

對任何面臨不安定挑戰的人而言，偶爾停下來享受一下大猩猩是很重要的。

事實上，你自己或許就是其中的一份子。

面對不安定這項挑戰的人，多半難以單純地活在當下。他們總是不斷在遙望下一個人生的轉彎處。

潛藏在不安定底下的，其實是一顆害怕無聊的心。它會讓它的受害者一直處於活躍狀態。許多人在孩童時期被迫長時間待在單調而乏味的教室裡，往往就會面臨這項挑戰。

卡洛琳是一名學校老師，不安定的她很難好好坐著跟我一起完成整段問事過程。她不斷玩弄手上的結婚戒指，結結巴巴地想說些什麼，卻常常弄巧成拙。

我告訴她一個故事，希望能解釋這些不安定的人所面臨的部分困境。我說：「有時候這可能引發極度的焦躁，事實上，我有一位面臨這項挑戰的問事者，他講話相當急促……」

「是、是，」卡洛琳說：「但我們可不可以把話題拉回我身上。」我說：「我們是在談妳。」

卡洛琳告訴我，她在一天當中很難好好坐下來吃頓飯，開車時人就像發了狂似的，總是因爲路上滿是龜速行駛的車而惱火。

接著，她說了一句話，替不安定這項挑戰下了註腳。「無論我在哪，我總覺得我應該要在別的什麼地方才對。」

談話一結束，她就一躍而起，一邊感謝我一邊朝大門走去。我說：「妳趕著去上課嗎？」

「不，」她說：「我接下來整天都沒事。」

如果不安定是你面臨的挑戰，你可能會經歷像是陷在車陣中而感到的些許煩躁，嚴重的話，會沒辦法長時間坐下來好好欣賞一部電影或一本書。

需要反省

教育家羅柏特．辛克萊爾(Robert Sinclair)曾經說過：「我們不會從經驗中學習，我們只會從經驗的反省中學到事情。」

對那些面臨不安定挑戰的人來說，這句話再貼切不過了。這就是為什麼他們總是不斷在抱怨，例如，他們會抱怨孩子似乎是在轉瞬間就長大了。

這情形不只出現在面臨不安定挑戰的人身上，在過度忙碌的人身上也會發生。所以，如果你覺得你的生活就像快速奔馳的火車，試試以下的方法，對你會有幫助的。

解決之道是：一週進入一次冥想狀態。但是，不要關閉你的思緒，而是反省過去七天來發生的每一件事。平時就可以試著把這些記下來，以便提醒自己。

這麼做，能幫助你更懂得活在當下。

不安定的矯正方法就是學習接受：允許生命按照它的步調展現，並讓自己**把焦點放在人生旅程中的沿路風景，而不是最終的目的地**。

自我犧牲

✔ 機會：自主 (self-determination)

⊗危險：受難 (martyrdom)

如果你在成長過程中曾經覺得沒人喜歡你，便可能衍生成害怕自己是一個毫無價值的人，對應的挑戰將是自我犧牲。爲什麼？因爲爲了要贏得讚賞，你得把他人的需求置於自己的需求之上，甚至不管自己的需求是否有法子獲得滿足。

那當然不是贏得讚賞的聰明方式。但是，面臨這項挑戰的人並不懂得這一點。在極端的情況下，這些自我犧牲的靈魂會一直工作到垮下爲止。許多日本企業主管都有這項嚴重的問題，事實上，他們發明了一個專門名詞來形容這種現象：過勞死(*karoshi*)。這些人這麼做並不是因爲他們需要錢，而是爲了彰顯公司或工作要比個人重要的哲學。

只是爲了讓其他人尊敬自己，這是挺糟糕的作法。

自我犧牲的人都有一項共同的症頭，那就是自憐。一般或稱之爲「受害者心態」(victim mentality)，這類的人有自己受苦的需求。

從意識層面來看，在一些被欺壓的人身上我們可以找到自我犧牲這項挑戰，這些人總覺得自己是大環境的受害者，總是把自己的問題怪罪到其他人身上。

有自我犧牲傾向的人日子不好過，他們周圍的人則是更不好過。

對潘妮而言，去年的聖誕節就和每年的聖誕節一樣：一個原本可以開開心心的日子，卻被她那有自我犧牲挑戰的媽媽給毀了。

潘妮走進我的辦公室，人都還沒坐好就開口宣告：「這會是我最後一次回家過節了，我受夠我媽了，她簡直快把我逼瘋了。」

我要她說詳細一點。

「我媽媽幾乎可以靠受苦來維繫她的生命。當我們還小的時候，她就老是穿著破舊的衣服在外頭走來走去，告訴每個人她的日子只是勉強還過得去而已。她會到教堂要免費的餐點，教會裡每個人都以爲她窮到沒錢買食物。那太荒謬了！我們雖然不算富有，但肯定不到貧窮的地步。」

「她面臨了自我犧牲的挑戰，她希望大家看到她受的苦難。」我告訴她。

「她的一舉一動彷彿生命對她有多嚴苛，但我認爲她只是爲了博取同情。」

我告訴潘妮，她說到重點了。她媽媽是想藉由讓自己受苦而引起大家的注意。

「那麼，聖誕節究竟發生什麼事了？」

潘妮深深吸了一口氣，然後緩慢地嘆了一聲：「唉，首先呢，她告訴我們別買禮物給她，因爲她沒錢買禮物給我們。後來，她竟然爲每個人準備了一份貴重的大禮，然後讓自己坐在那兒什麼也沒有，還一副泫然欲泣的模樣。我現在都還能聽見她用微弱的聲音說著：『沒關係，我不需要任何禮物。』唉！她眞是言不由衷！」

後來，那天是怎麼度過的呢？

「每下愈況。她花一整天的時間煮飯。吃飯時，她在自己的盤子裡放了一小片火腿，說她太累了吃不下。」

「於是我大發脾氣，說她太愛演戲。結果換成姊姊對我吼，說媽媽很偉大。而弟弟則是認同我，開始也對媽媽大聲咆哮。接著，媽媽的眼淚奪眶而出，她跑上樓把自己鎖在浴室裡……眞是糟到不行。」

「不過，」她無力地笑了一下說：「但和感恩節那一次相比，是小巫見大巫。」

如果你有自我犧牲的挑戰，顯然你小時候並沒有獲得充分的關注。因此，表演者類型的人很容易會有這一項挑戰，如果他們沒能獲得自己渴望擁有的所有注意力。這也正是爲什麼通俗劇總跳脫不了悲情戲碼的原因。

自我犧牲的矯正方法是培養其對應的機會（自主），由你來掌控自己的命運。問題是，許多有這項挑戰的人卻甘願受苦受難（危險），寧可詛咒黑暗，也不願意點亮蠟燭。

自我毀滅

機會：自愛自重（self-respect）

⊗危險：崩潰 (disintegration)

自我毀滅是最難克服的挑戰。原因是，要克服任何挑戰，你必須要先有想要改變的意願。可惜，有自我毀滅傾向的人正是極度抗拒改變的人：如果你或你愛的人曾經沉溺於酒精或毒品不可自拔，你便會懂我的意思。

我們都能輕易看出誰有自我毀滅的挑戰，但有這項挑戰的人本身除外。親朋好友可能會說：「你的問題很大。」但是有自我毀滅行爲的人往往會一再重申：「我沒事的，只要我想要的話，我隨時都可以戒掉的。」或是「這不關你的事。」

追溯這項挑戰的源頭幾乎總是孩童時期，因爲曾經遭到遺棄、喪失、家人過世、或覺得自己沒有獲得足夠的愛等所引發的創傷。

生命已經夠艱難了，而許多有自我毀滅挑戰的人往往又極爲敏感，深受內在情感所苦。記住，沒有人是因爲快樂而讓自己每晚喝得酩酊大醉、不醒人事的。有這項挑戰的人是爲了逃避現實，因此老是想要癱瘓掉自己的意識。

布蘭達想知道她能爲兒子安東尼做點什麼。安東尼就住在她家地下室，失業、消沉、嗑藥。

我的指導靈給了她一項重要的建議：「給他無條件的愛。」

安東尼顯然有嚴重的自我毀滅挑戰，沒有任何人、任何事能讓他開心起來。就像許多有這項挑戰的人一樣，他拒絕任何人的協助。如果他夠幸運，他或許會在到達谷底時，重新上昇，回到正常的生命軌道。

悲哀的是，他一直沒有得到這樣的機會。幾個月之後，布蘭達回家時，發現他因爲嗑藥過量而死亡了。

安東尼屬於敏感的心靈者類型，他被生活擊垮了。他年輕的時候，已經有憂鬱的傾向，有一回甚至想要自殺。不過，一直到他父親過世、加上和女友分手（布蘭達發現他死亡時，他手上還戴著女友送的戒指），這項挑戰才趁虛而入。

「我知道他意志消沉，」布蘭達說：「但是他不肯接受心理諮商，而我也幫不了他。他開始嗑藥，也曾爲此被逮捕過，他們在他身上搜出了幾包毒品及一把槍，沒人知道他爲什麼會那樣。」

在等待判決時，可能是得入獄的事實嚇壞了安東尼，他說過寧可自殺也不要坐牢。「我眞希望他們是把他送去勒戒，而不是讓他交保。」她說。

「死前他曾有一個工作機會，但面試後他哭著說，因爲那件案底讓他丟了那個工作機會。那時，我父親正好病危，我必須離開家裡去陪伴他。我覺得當初應該留在安東尼身旁，看著他才對。」

「回家之後，我終於能強迫他和我一起去看心理醫師，但他對看病真的很排斥。幾天之後，他就死了。」

就像許多人在面對這類狀況時一樣，布蘭達懷疑自己的作法究竟恰不恰當，總在想說，她若換種方式是否就能救回安東尼。

她想要知道安東尼是否蓄意嗑藥過量，我請我的指導靈讓安東尼直接和我對話。他很高興有這機會。他說他並不是蓄意自殺，並且表示很難過傷害了在世的人。

我的指導靈要我向布蘭達強調，她並沒有必要覺得內疚，她無法阻止安東尼的死。

自我毀滅這項挑戰得要當事人自己願意改變才行。

人們必須跌到谷底才能讓事情有轉圜的餘地，原因是，唯有當人們跌至谷底、心灰意冷、面臨到生死存亡的關鍵時刻，才會眞正認清自己置身於險境之中。

悲哀的是，安東尼從沒有遇到這樣的機會。

有自我毀滅挑戰的人不僅消沈，也害怕自己的難過沒有盡頭。他們往往會將自己的情緒隱藏在一個虛張聲勢的外表之下，假裝一切都好，事實上只是在勉強過日子而已。

有自我毀滅挑戰的人不肯面對現實，又想逃開情緒上無止無盡的傷痛。但是在他們逃避現實的同時，也失去了自我認同。想要矯正這點，就得接受自己有情緒問題，這樣做便會懂得自愛自重（機會）。一旦能夠自愛自重，情緒上的痛苦便會獲得舒緩，崩潰（危險）也會因而遠離。

不知足

✔機會：平衡 (balance)

✖危險：不滿足 (unfulfillment)

許多人都有不知足這項挑戰，它展現在人們身上的方式相當多樣化，你可能難以想像這些情況其實和不知足挑戰有關。我在無力抗拒大麻的人、揮霍無度的人、甚至在瘋迷運動的人身上見到了這項挑戰。

這項挑戰的根源仍要回溯至孩童時期的不安全感，他們害怕失去、害怕匱乏、害怕被否定。

以下的故事即可說明孩童時期的遭遇如何影響一個人一輩子。

愛德華可能是我認識的人當中最富有的了，他有房地產、股票、銀行存款、以及一間裡頭擺滿貴重骨董的房子。然而，他還是鼓不起勇氣花錢。他不在外頭喝咖啡，因爲回家後便可以自己煮一杯，比起星巴克咖啡便宜得多。他的害怕花錢讓他失去了朋友與人際關係。

當我告訴愛德華他面臨的挑戰起源自他年幼時期的時候，他很清楚我指的是什麼。

「我成長於冷戰最激烈的時期，」他說：「在學校，我們常會進行防空演習，老師教我們遇到原子彈空襲時要立刻躲到桌子底下。沒有人把這當一回事，除了我。我是眞的嚇壞了，以爲核戰即將爆發，世界末日就要到了。」

「然後在我差不多十歲時，有一次在門廊的櫥櫃裡翻東西，不小心發現了一些儲備口糧。那眞的嚇壞我了，這東西是要做什麼用的？我問媽媽，但是她隨便敷衍了兩句，說那是爲了露營或萬一停電時而準備的。」

「我不肯相信她說的。我認爲那可能是爲了核戰，或是她不願意告訴我的可怕事件。我以爲事實眞相一定很可怕，所以她必須刻意隱瞞，怕我知道。」

如今，他已經快六十歲了，卻依舊擔心會發生什麼大災難，讓他頓時失去一切。因此，他囤積錢財資產，以防萬一眞的發生事情時，可以把受影響的程度降到最低。

不知足這項挑戰的矯正之道是力求生命的平衡。記住，你現在已經擁有生命中所需要的一切了，害怕這一切會突然消失是毫無根據的。了解這一點很重要。

不安全感

✔機會：自信 (self-confidence)

✖危險：無價值 (unworthiness)

沒有東西比不安全感這項挑戰更容易妨礙你成爲眞正的你，它可說是你生命計畫的絆腳石。

這股害怕源自於你認爲自己是沒有價値的。一如我們稍早所提，這些信念是很難改變的。

不安全是最常見的挑戰，也就是說，很少有人能過完一輩子而不受到它的影響。有這項挑戰的人一生中或多或少都有情緒不穩之苦。如果愛的給予是有條件的（例如，表現良好），如果爸媽常常前一分鐘和藹慈祥、下一分鐘臉色說變就變，他們養育出來的孩子便很容易缺乏安全感。

成長之後，我們也可能因爲遇到某些事件而引發這項挑戰，例如，失去一段感情或這段關係長期處於不穩定的狀態。

蘭達是一名年約二十五歲、高挑、相當有魅力的女性。她在男友過世之後曾來見我，她男友很年輕，對抗自我毀滅的挑戰多年，最後還是沒能成功。

從她的外表，你很難看出她有嚴重的不安全感。當她在問事時顯現出不安全感時，我請她利用一到十的等級評斷自己的自信程度。她想了幾秒，垂著頭低聲說：「零。」

由於這挑戰多半是源自孩童時期，我問她是否能確切指出原因，她毫不猶豫地說：「我媽媽深受邊緣性人格障礙 (borderline personality disorder) 所苦，她無法和我或任何人維繫親密感，我可以說是在缺乏母愛的環境下長大的。」

我問她如今的情況如何。她說：「姊姊再也不想跟媽媽有任何牽扯，那是她避免一再沮喪的方法。我則處處容忍她，卻對她不抱持任何期望。」

對於許多人，不安全感這項挑戰可能會跟隨自己好長一段時間，讓你無法活出你的靈魂想過的人生。它會令你無法去應徵工作，因爲你會認爲「我不可能得到那份工作的」；或令你在追尋感情時退而求其次，因爲你會想「或許這對我已經是最好的選擇了」。

不安全感的矯正方法是培養自信（機會）。在本章最後，我將會傳授你一個培養自信的方法。

自大

✔ 機會：謙卑 (humility)

✖ 危險：傲慢 (arrogance)

有自大挑戰的人會用虛張聲勢的方法來掩蓋眞實的自己，他們害怕眞我曝光：因爲人們可能會看到他們的眞面目。

自大挑戰大多也是源自孩童時期，通常都是因爲小時候沒有得到足夠的注意。也可能是曾經受過傷害，因而害怕自己的脆弱。

瑪麗蓮是緬因州的一名房地產經紀人。我們談話時，她似乎很活潑、很有自信，甚至有點高傲。我連提都還沒提，她已經自顧自地開始談起自己的豐功偉績。

當我告訴瑪麗蓮她的挑戰是自大時，她似乎一點兒也不意外。「我猜想得到。」她說。她停頓了一下才又開始說：「但是我從事的工作需要如此。」

我的指導靈不同意。祂們指出，**活出你的靈魂想要的生活能為你帶來極大的好處，但是帶著一個假面具過日子，絕對無法達到這個目的**。

瑪麗蓮自小被一對老夫婦收養，當時他們已經育有幾個親生孩子。成長過程中，她安靜、沉默寡言，幾乎難得開口講話，因此不曾獲得多少注意。

在一次家庭旅行中，她不小心被獨自遺留在某處的加油站，情況因而更加惡化。「我以爲他們再也不回來了。」她說。

後來，她在十五歲時因爲寄養家庭搬家而必須轉校，但是她和新學校格格不入。爲了掩藏她的害怕，她決定改變自己的性格。「我變得聒噪、性急，而且自以爲是。」

她說。

回顧自己性格大變的這段往事時，瑪麗蓮笑了。「有一次，姊姊在學校附近看到我在其他女孩面前聒噪、愛現的樣子，我覺得自己彷彿是在演電影《火爆浪子》(*Grease*)裡的戲碼。總之，她跑回家告訴父母，他們不敢相信她的話呢！當我回到家，又變回一隻安靜的小貓時，姊姊簡直糊塗了。她把我拉到一旁問：『剛剛那才是眞正的妳，對不？』」

很難想像那些最傲慢的人，實際上是最不願意揭露自己眞面目的人。自大這項挑戰的矯正之道是培養謙卑心，以便相互平衡。

惰性

- 機會：自我實現 (self-actualization)
- 危險：停滯 (stagnation)

惰性這項挑戰的根源是害怕失望，但看起來卻可能像是害怕成功。

與其因爲一些不可預料的事而大失所望，維持現狀可能簡單多了。有這項挑戰的人寧可死守一份無聊工作、或避免人際互動，而不願意冒著可能會失望的危險，讓自己踏出去這個世界。

這項挑戰形成的源頭是達不到自己或他人的期望。如果父母希望你將來成爲一名腦外科醫師，而你只不過是一個成績拿丙的學生，那麼，你慢慢地可能會產生「這有什麼意義」的惰性。

如果你是認爲「我應徵不上」而不去應徵某份工作，那你說的沒錯，你是沒有機會應徵上的。你預設了自己的失望，那是一種「自我應驗的預言」。

如果你是長期處於失望狀態的成年人，每一次的挫折都可能讓你更難克服自己的困難。一旦惰性這項挑戰找上你，你可能從此喪失迎戰困境的意志。

凱絲琳休學後便喪失了奮鬥的意志。「似乎沒任何一件事能令我爸媽滿意，尤其是爸爸。他要我上哈佛，我最後卻只能申請到一間默默無名的學校。他希望我嫁給醫生、並生兒育女，但我只愛女人。」她悲傷地說。

「如果我無法討好任何人，努力工作又有什麼意義呢？天曉得爲什麼爸爸的認同對我如此重要，但事實如此。」

休學之後，凱絲琳失去了一切動力。她在一份沒有前途的工作上待了二十年，和「第一個出現在眼前的人」約會，直到她開始學習園藝，她才對生命產生了熱情。她搬到一個小城鎮，遇到了她的靈魂伴侶，安頓下來，並開始做點小生意。

凱絲琳花了好幾年的時間才能自在地做自己。她認爲，那是因爲父親過世之後，她終於可以好好過一天，再也不需要擔心父親是否認同她做的每一件事。

凱絲琳矯正惰性的方法是學習自我實現（機會），如此她才能好好地過自己的日子。

譏諷

✔ 機會：自我接受 (self-acceptance)

✖ 危險：悲觀 (pessimism)

一些無傷大雅的譏諷對我們不是挺好的嗎？是沒錯，但是它得不妨礙你體驗生命中單純的喜悅才行。

一如其他眾多的挑戰，這項挑戰形成的源頭也是孩童時期。如果你有一個言行舉止喜歡裝大人的孩子，那麼譏諷這項挑戰可能正在這孩子的心中滋生。

如果你本身有這項挑戰，你會害怕別人認爲你過於天真、不懂人情世故。爲了遮掩你的原本樣貌，你會故意讓自己看起來好像見過大風大浪一般，即使實際上你根本沒有。

有譏諷這項挑戰的人認爲，自己比周圍那些天真的人深諳人情世故。他們可能會說自己只是不喜歡照單全收，而不是喜歡嘲諷，然而這兩者之間卻有著天壤之別。

「以微笑迎接每一天，這樣就了事了。」[2]

——費爾茲 (W.C. Fields)

「聖誕節？呸，鬼話連篇！」

——小氣財神斯克魯奇 (Ebenezer Scrooge)[3]

「如果所有出席耶魯大學舞會的女生個個都被睡過，我一點兒也不訝異。」

——桃樂絲．派克 (Dorothy Parker)[4]

「欺騙他人，即世人所謂的羅曼蒂克。」

——王爾德 (Oscar Wilde)[5]

「愛：短暫的精神錯亂，結婚便可治療好。」

——安布羅斯．比爾斯 (Ambrose Bierce)[6]

「我是在法官的見證下結婚，我應該要求要有陪審團的。」

——格魯丘．馬克斯 (Groucho Marx)[7]

從上面的例子可以看出，譏諷可以是有趣、好玩的，不過一旦譏諷變成了挑戰、駐紮在你內心裡，就很難反轉它了。它會導致悲觀，讓人無法享受生命的喜悅。自我接受才是矯正之道，因爲諷世者害怕揭露自己的眞面目。

你或許注意到了，我並沒有引用任何一位問事者的例子來說明。原因很簡單：諷世者通常不會來找靈媒。

挑釁

✔ 機會：和善 (gentleness)

✖ 危險：好鬥 (belligerence)

---

2 彷彿「微笑」是被迫不得不去做的事。

3 斯克魯奇是狄更斯名著《小氣財神》(*A Christmas Carol*) 書中的主角，後來受愛的感召而變得富有同情心。

4 美國作家，一八九三年至一九六七年。

5 堪稱是英國文學史上最偉大、也最具爭議的文學家之一，一八五四年至一九〇〇年。

6 美國最富傳奇色彩的憤世作家，一八四二年至一九一四年。

7 美國著名的喜劇演員，一八九〇年至一九七七年。

有些人認爲打孩子可以教會他們尊重。可惜的是，你最可能得到的結果是，養育出一個長大之後有挑釁這項挑戰的人。

有挑釁挑戰的人害怕示弱，他們會帶著倔強的面具。他們眞正傳達的訊息是：「過去我老是擔心受怕，現在，我會採取較侵略性的舉動，假裝我不再害怕了。」

一個有外在缺陷的孩子會假裝強悍，尤其是身處於一個將身體缺陷視爲障礙的社會時。

這樣的話，問題出在哪裡？這是一個冷酷的世界，我們不需要堅強一點嗎？當然需要。但是，問題在於挑釁是出自於害怕，就像其他挑戰一樣，它其實是一項弱點。

有挑釁這項挑戰的人會挑起戰火，而且不只在街頭鬥毆、甚至還想發動大型戰爭。世界各國的領導人也是人，這點或許無需我提醒。他們許多人都有挑釁這項挑戰。有這項挑戰的人不肯退縮，因爲退縮等同「示弱」。因此，如果當上了國王、總統或將軍，他們往往會倉促發動戰爭，並且死守戰場，即便種種跡象都顯示他們應該停止造成更多死傷、儘早班師回國。但更多悲劇的發生只因爲他們不肯示弱，歷史上多的是這種明訓。

害怕示弱會製造出悲慘世界，尤其是對孩童及青少年而言。惡霸幾乎都是因爲害怕暴露自己的脆弱，所以不令人意外地，許多遭受欺凌的人最後也會衍生出挑釁這項挑戰。

挑釁的矯正之道是培養對應的機會（和善），不過說比做容易。許多人往往無法改頭換面，最終陷入好鬥這項危險之中。

有些人的挑戰幾乎很難被察覺，有些人則沒那麼幸運。你的靈魂是否要你學著與這些問題共處呢？當然不是，他們稱這些問題爲「挑戰」自有其道理。在我的字典裡，挑戰的定義是：「名詞：向人挑釁，激起爭鬥。」

克服你的挑戰

你準備好應戰了嗎？如果你想活出你的靈魂想過的人生，那麼答案應該是肯定的。各項挑戰是靈魂成長的障礙，克服它們是達到開悟必要的一步，忽略它們的危險得由你自己來承擔。

以下幾個步驟可以作爲你開始面對、克服它們的參考：

步驟一：找出你的挑戰

以下的簡短定義能幫助你決定你有哪幾項挑戰。進入冥想狀態，召請你的指導靈，請祂們協助你進行這項練習。

利用以下清單提醒自己每一項挑戰的展現形式。從中選出與你最相關的兩項，最強的一項是你的主要挑戰，另一項則是你的次要挑戰。
- **頑固**：抗拒改變；固守信念；倔強。
- **不安定**：無法活在當下；沒耐心；很難全然放鬆。
- **自我犧牲**：想要別人看到自己活在痛苦中；把別人的事看得比自己的事重要；自憐。
- **自我毀滅**：酒精、毒品上癮；自殘；對自己的安危完全不在意。
- **不知足**：不知節制；害怕失去、被人否定、或匱乏；貪婪。
- **不安全感**：自信不足；缺乏自我價值；感覺低人一等。
- **自大**：誇口；傲慢；不願顯露自己眞實的面目。
- **惰性**：相信事情不會有好結果；不願意付出努力；寧可退而求其次。
- **譏諷**：諷刺式幽默；悲觀；覺得自己比一般人世故。
- **挑釁**：容易做出侵略性的舉動；害怕讓別人看到自己的脆弱；拒絕退一步。

主要挑戰：＿＿＿＿＿＿＿＿

次要挑戰：＿＿＿＿＿＿＿＿

步驟二：矯正

你需要培養各項挑戰相對應的矯正之道，才能協助你克服它們帶來的影響。各項挑戰的矯正之道列舉如下：

挑戰	矯正之道
頑固	彈性
不安定	接受
自我犧牲	自主
自我毀滅	自愛自重
不知足	平衡
不安全感	自信
自大	謙卑
惰性	自我實現
譏諷	自我接受
挑釁	和善

再次進入冥想狀態，（參閱引言「簡單的冥想技巧」），召請你的指導靈，請祂們協助你矯正自己的挑戰。重複以下的請求：

「我在此召請我的指導靈，以我的最高利益爲主，協助我克服我的挑戰：——請協助我發展——（矯正之道），允許我活出我的靈魂想過的生活。」

當你結束時，謝謝你的指導靈，並告訴祂們：「問事結束。」

在通往開悟的道路上，挑戰將是你最大的阻礙。唯有面對、解決它們，你才能夠勇敢地跨出去，活出你的靈魂想過的人生。

無論你選擇面對什麼樣的障礙，你的靈魂都會百分之百支持你。因爲讓你照著生命計畫走，一直是你的靈魂念茲在茲的目標。或是輕推一把、或是激勵你前進，你的靈魂無非是要防止你誤入歧途，並引領你走向開悟的正確道路。

在下一章，我們將探討靈魂如何把一些看似無法克服的障礙轉化爲加速進化的機會，我們將逐一檢視靈魂運用的幾個主要方法。

第八章 智慧之門

第七門課 探究：藉由體驗而了解

探究是靈魂發展自我賦能(self-empowerment)之道，目的是為了克服負面經驗帶來的影響。

——作者的因果層指導靈

愛瑪悄悄地走進我的辦公室，安靜地坐在沙發一角，試著不占據太多空間。她小聲地告訴我，家裡事事都不如意。

我的指導靈也這麼認爲。事實上，情況糟糕透了。他們告訴我，她丈夫在肢體及言語上對她暴力相向。

「妳丈夫在虐待妳，」我說：「我的指導靈說，你們之間沒有任何愛存在了。既然如此，妳為什麼還跟他在一起呢？」

「我不知道，」她低聲說：「我想要離開他，但是我會怕。」

「妳認為他會動粗？」我問。

「喔，不，」她說：「我是說，我覺得我必須留在他身邊。」

「必須？」

「那是我應該做的。」

我花了點時間才弄懂她在擔心什麼。她以為，離開他會違背宇宙定律。她深信，有一股更高層的力量要她待在這段悲慘的婚姻中，以求取性靈的成長。

我向她解釋，遭受暴力對待並不是讓性靈成長之道。事實上，繼續維繫一段如此不堪的婚姻反而會讓性靈停滯不前。她的靈魂從來就不希望這種事情發生。事實上，據我的指導靈所言，她的靈魂正大聲呼喊，要她趕快離開。只可惜，她讓自己陷在受害者模式無法自拔。

開啓智慧之門，你將看到靈魂世界稱之為「探究」(investigation) 的知識源頭。來到肉身層之後，靈魂必須面對的殘酷事實是：每段生命，無論多幸運，都有自己的悲傷、困難與痛苦要承擔（正所謂「人生不如意十之八九」）。

當你的靈魂從靈魂層看著自己即將去經歷的生命時，他知道有些不愉快的經驗是無法避免的，例如性虐待。

比方說，你來世將出生在某個家庭，成爲家中的第五個小孩，而做父親的對其他四個小孩都有性虐待的記錄。讓我們假設，儘管你的靈魂爲了保護你而不斷與這位父親的靈魂溝通，他最後還是對你做了不該做的事。

當事情發生時，你的靈魂會拋出一條「探究」繩索。以上述個案爲例，我們稱之爲探究虐待之繩。那是將你拉出醜惡泥沼的一種方法。

探究所做的，便是將最不愉快的經驗轉化為靈魂成長的契機。這可能需要花數十年的工夫才能完成，而且是在你學會如何完全掌控它之後，才能功德圓滿。

有些人深信，如果你碰上虐待或任何悲慘遭遇，其實是你的靈魂選擇了這項特定的經驗，所以自然有其發生的道理。然而，事實並非如此。

你的靈魂的確需要經驗，探究也確實能提供大量的經驗，但是，沒有任何一個靈魂會爲此追尋這些探究。其根本的原因是：靈魂不用主動去試，也自然會在輪迴中重複遇到這類課題。

換句話說，人們受到虐待、染上毒癮、被遺棄或遇到任何我們接下來將檢視的十項探究的課題，並不是爲了他們的靈魂好，也絕不是因爲上輩子造了什麼孽的報應。

因此，你應善盡一己之力，幫助其他陷入這類麻煩的靈魂；而且，如果能夠避免的話，我們就不應該默默承受，繼續讓自己受苦。

每一項探究的目的都是要幫助你藉由相對應的機會達成自我賦能。一旦自我賦能發揮作用，探究才能化危機爲轉機，療癒靈魂所受到的創傷。至於相對應的危險，則是自我賦能無法發揮作用時的狀況。

十項探究

- 探究奴役 (servility)
- 探究虐待 (abuse)
- 探究殘疾 (disability)
- 探究失敗 (failure)
- 探究不公義 (injustice)
- 探究失去 (loss)
- 探究背叛 (betrayal)

- 探究沉溺 (addiction)
- 探究偏狹 (intolerance)
- 探究遺棄 (abandonment)

探究奴役

- 機會：服務 (service)
- 危險：剝削 (exploitation)

喬安和丈夫在鬧區共同經營一家餐廳。他們的感情和諧，生意也不錯，直到兩人爲了如何分小費這件小事起爭執。喬安爲此來見我。

喬安有堅強的意志及自信，但她在生意方面卻樂於扮演順從的角色。在小費分配事件發生前，兩人都相安無事。問題就出在她對於奴役的探究。

「從兩年前開店起，我便一直擔任服務生的工作，」她說：「我們向來是各拿各的小費。直到幾個月前，吉姆決定所有員工先將小費集中，最後再平均分配比較公平。」

「聽起來似乎很公平。」我說。

「公平？」她回答：「在試過這方法之前，我也一直這麼認爲。」

「第一個晚上，他把錢平分給其他人，然後告訴我，我既然是老闆娘，所以不應該分到屬於員工的小費。」

我說，吉姆這樣說也不無道理。

「我不是老闆娘，這只是他自己一廂情願的想法，我們並沒有作書面約定。這整件事讓我很沮喪，覺得他一點兒也不尊重我。我不想把這事小題大作，但我就是因此徹夜難眠。」

我的指導靈給了她一些誠懇的意見。「服務與奴役之間有著很大的差別。」祂們說。吉姆把喬安當成傭人，已經讓喬安有不受尊重的感覺了。她的探究是要教導她爲他人服務（機會）的能力，但是，如果有人竟以不尊重的態度對待她，她便會感覺自己被剝削（危險），結果便會是喪失服務他人的能力。

喬安離開時，已經具備面對她丈夫的勇氣。一個月後，我得知她如何勇敢地解決了這件事。

「我回去後告訴他，我受夠了被當成奴傭一般做無償工作，要不就給我應得的小費、要不就眞的讓我當老闆娘。我的氣勢凌駕了他，他還想爭辯，但是我堅持不爲所動。」

「後來呢？」我問。

「我兩樣都爭取到了！」她說：「他讓我正式成爲合夥人，並說我也可以分小費。」

探究虐待

✔機會：復元力 (resilience)

✖危險：無能為力 (disempowerment)

稍早我們已知，在某些特定環境下，虐待幾乎是無法避免的。一旦發生，你的靈魂會盡可能與肉體脫離，試圖保護你。

這的確確發生在克莉絲汀娜身上。

「我祖父開始性侵我時，我四歲。」她告訴我：「一直到我大約十二歲時才停止。我完全失去那段時間的記憶，我應該有去學校、交了朋友……但是我一點兒也不記得。」

躲避在靈魂世界

「沒有靈魂會選擇成為受虐者或施虐者。當人們成為施虐者時，他們是違反靈魂意願行事的。當人們遭受虐待時，他們本身並不同意受到這種待遇。」

「當人們受到虐待，他們的靈魂會幫助他們暫時躲避到靈魂世界，以降低所受到的傷害。我們一般稱這種現象為『靈魂出竅』」。

「這是受壓抑的記憶及某種人格失調形成的原因。被虐待的人往往記不住發生了什麼事，直到他們的靈魂為了治療創傷而讓記憶浮出為止。」

——作者的因果層指導靈

克莉絲汀娜的靈魂爲了在那段時間保護她，而將她的意識阻隔在外。然而，她的心靈已經受到嚴重的創傷了。

「我一直爲發生的事情責怪自己，我以爲自己是那個做錯事的人。」她說。

克莉絲汀娜花了好幾年才克服了這種感覺。

「我不再天眞無邪，『性按鈕』在我四歲時已經啓動，我就像是被設計來供人性侵的。」

「這些年來，我有許多、許多愛人，彷彿我是在尋求性高潮，但是我眞正得到的是羞恥的感覺。十幾、二十歲那段日子，我是靠嗑藥及酗酒撐過來的。告訴你，這輩子我忘記的事情比記得的事情還多。」

與虐待對應的危險是無能爲力，這感覺會跟著一個人直到他成年，而且會引起憤怒及自我毀滅的行爲，拼命阻撓他得到快樂。

在第一次問事時，我的指導靈特別注意到，克莉絲汀娜已經逐漸了解男人和女人一樣，不過就是一個人。她確切知道這一切。「我對人很壞，尤其是男人。我想這是一種報復。」

克莉絲汀娜覺得，只有當她找到能同時療癒情緒、心理、以及性靈創傷的方法時，才能眞正獲得撫慰。「忘卻自己曾經遭到近親性侵或虐待的祕訣是『全力以赴』。我是透過密集的身體鍛鍊幫助我拋開了那個扭曲的我，重新找回我失去已久的力量。」

幸運的是，你的靈魂會協助你克服今世遭受虐待所衍生的傷害。第一步是將這類經驗轉爲探究；第二步則是鼓勵你自我賦能。與虐待相對應的機會是復元力，它能讓你重新找回因爲受虐而一度喪失的力量。

探究殘疾

- 機會：適應力 (adaptability)
- 危險：無助 (helplessness)

愛因斯坦、愛迪生、萊特兄弟、莫札特、貝多芬、馬克・吐溫、約翰・甘迺迪、達文西這些人有什麼共同點？

答案是，他們都有閱讀障礙。這些人無疑都是成就極高的人，但這是因爲他們不允許學習障礙阻礙自己的生命計畫。

世界上充滿了令人讚嘆的人，他們面臨了自身極大的挑戰，仍能實現自我的目標，這些生命故事著實是激勵人心的典範。

英國物理學家史蒂芬·霍金 (Stephen Hawking) 儘管罹患漸凍症，全身動彈不得，卻能寫出一本現代經典：《時間簡史》(*A Brief History of Time*)，深入淺出地解釋宇宙、黑洞和大爆炸等天文物理學理論。

和我同樣來自蘇格蘭的著名打擊樂演奏家伊芙琳·葛萊妮 (Evelyn Glennie) 是世界上最棒的打擊樂演奏家之一，而她同時也是一名重度聽障人士。

另一位偉大的音樂家史提夫·汪達 (Stevie Wonder) 總共有三十首名列十大熱門音樂排行榜、二十二首得過葛萊美獎 (Grammy Award) 以及一首奧斯卡最佳歌曲獎。他則是一出生便看不見了。

這些傑出人士共同擁有的一股神祕力量是：探究殘疾。透過探究，他們的靈魂讓他們有機會選擇。他們可以選擇向那些加諸於他們身上的障礙妥協，也可以選擇利用相對應的機會（適應力）來對抗那些限制。

我在第三章提過的那位靈魂年齡較長、屬於心靈者類型的露薏絲便是這種人。第一次拜訪我時，她坐在輪椅上動彈不得，聽著我的因果層指導靈講述她今生的目的。我們一開始先探討她的年輕時期，她從小一直渴望成爲舞者，直到類風濕關節炎迫使她改變原本的計畫。

在我們談話過程中，她有些東西引起我的注意。即使她童年的夢想無法實現，還因疾病而長年受苦，但我一點兒也看不出她對過去感到絲毫惋惜。

事實上，很令人驚訝的是，她眞誠地關心生命裡碰到的每一個人。問事過程中，我們所談到的主題都脫離不了「愛」。

即使知道自己即將離世，她念念不忘的，仍是希望她死後每個人都好好地過下去。我們花了些時間談她家裡的每一個人，然後她問起她的一位老朋友，當我的指導靈給我答案時，我遲疑了一、兩秒，「羅伊快死了。」祂們告訴我。我不認識這個人，卻也不願意當個傳遞壞消息的人。但是當我告訴露薏絲時，她臉上顯露出如釋重負的表情。

「謝天謝地，」她說：「他受了這麼多的苦，我實在不想看到他再繼續受苦了。」

如果你因爲身體殘疾需要大幅改變自己的生活方式，例如失去一條臂膀或腿，或因爲意外事故而損傷了大腦，你的靈魂會鼓勵你去適應它，不要你自怨自艾。靈魂會務實地面對這類挑戰。事實上，少了自怨自艾之後，你便能依循靈魂的指引。

露薏絲不僅接受了自己身體上的限制，更運用她的愛鼓舞、安慰周圍的人。殘疾讓我們瞥見了進化的一點理論（與其說「適者生存」，不如說「最能調適者得以生存」），所以最能走出殘疾陰影的人，是去適應自己新狀況的人，而不是讓自己深陷在純肉身層現象（即相對應的危險：無助）無法自拔的人。

探究失敗

- 機會：堅持不懈 (perseverance)
- 危險：沮喪 (disappointment)

「這次問事讓我的生命因此改觀。」瑪姬離開時這麼告訴我。我當然希望她說的是對的，她的生命充滿了一連串的失敗，看不出事情還能更糟了。

屢敗屢試

探究失敗通常會發生在那些必須經歷一連串失敗的人身上，就像創辦知名巧克力品牌賀喜 (Hershey) 的大富豪米爾頓．賀喜 (Milton Hershey) 一樣。

賀喜（順帶一提，幻象對他而言是不存在的）說自己早期曾遭遇「排山倒海而來的失敗」。但是，他知道自己靈魂的目的，發揮堅持不懈（機會）的精神，一試再試，直到成功！

過去二十幾年來，瑪姬經歷的挫折加起來比多數人一輩子遭遇的還多。她嫁錯人，以離婚收場；和另一個不好的對象約會，以分手收場；開始做生意，結果虧損嚴重；去大學讀書卻半途而廢；參加另一個課程，考試卻沒通過；發生的事多半如此。

瑪姬屬於敏感的創造者類型，由於終於發現了自己會遭遇一連串失敗的原因，讓她有一種蛻變的喜悅。在生命過程中，她總是做出比較適合狩獵者及領導者類型的選擇，她大學所選的是想確保未來能有高薪工作的科系，而不是她那充滿創意的靈魂所需要的課程。

她的伴侶都屬於較強勢、寡言的那一型，這些特質其實是還沒學會接受自己的瑪姬希望能擁有的。結果，由於他們不善於溝通、又不懂得欣賞瑪姬的細膩，最終導致分手。

她應該要找一位比較敏感的伴侶，而不是像她之前選擇的那幾位粗線條、像個嚴父般的大男人。此外，她的靈魂也希望她能尋找一份適合創造者類型的工作。

對於瑪姬，這項探究相對應的危險（沮喪）已經糾纏她許多年了。幸好，堅持不懈這項機會可以讓經歷重大挫折的人繼續不斷嘗試。有了可以努力的明確方向之後，瑪姬終於準備好要讓自己這項探究轉敗為勝了！

如今，她充滿活力，決定改變一直以來不利於自己的行為模式。我的指導靈建議她先從接受自己是屬於創造者類型這一點做起，問事結束離開後，她筆直地朝向最近的一家藝廊走去。

誠如中國道家老子所言：「千里之行，始於足下。」

探究不公義

✔ 機會：正直 (integrity)

✖ 危險：貶抑 (abasement)

有一位問事者遭受國稅局很不公平的課稅，我給了她幾句安慰的話，她聳聳肩說：「至少我不是里昂內爾・赫瑞拉 (Leonel Herrera)。」這是我頭一次聽到這個名字，也是第一次聽說他遭遇了哪些駭人聽聞的事件，最後還被判處死刑。

里昂內爾．赫瑞拉被判處死刑的罪名是殺害兩名警察。問題是：他根本就沒有殺人，眞正的犯人是他哥哥。

不幸的是，里昂內爾錯過了重啓審判的最後期限。[1]你八成會想：「這總不會成爲判死刑的理由吧？」但一個無辜的人眞的不可能會被處死嗎？

里昂內爾的案子一路打到最高法院，而最高法院最後的裁定是：「確認無辜」並不是推翻死刑判決的充分理由。

法院認爲，里昂內爾的案子一切依法行事，所以是無可改變的。哈利．布雷克蒙(Harry Blackmun)是其中一位反對執行死刑的法官，他說：「讓一個可以證明自己清白的人受死，簡直就是謀殺。」

一九九三年五月十二日，里昂內爾．赫瑞拉被處決了。他死前說：「我是無辜的、無辜的、無辜的。你們要搞清楚，我不欠這社會什麼。請繼續爲人權奮鬥，幫助其他那些無辜的人……我是無辜的，最離譜的錯事今晚即將發生。願上帝保佑你們。我準

---

1 此事發生在美國德州。根據德州法律規定，找到新證據後，得在宣判後的三十天內申請重新審判，這項規定比美國多數的州更為嚴格。

備好了。」

就像南非前總統曼德拉及其他不公義事件中的受害者一樣，里昂內爾已經將個人死生置之度外，做到了這項探究的機會，也就是正直（我們之中有多少人在面對這類不公義事件的同時，還能掛念著別人？）。探究不公義的危險是，受害者可能因爲這些經驗而貶抑自己。而參與事件的其他那些人同樣也可能面臨這項危險，因爲他們覺得自己可以阻止或應該阻止不公義事件的發生。

探究失去

✔機會：復元 (recovery)

✖危險：剝奪 (deprivation)

「我了解人們何以悲傷至死，」茉莉告訴我：「我還記得自己坐在一張椅子上，心裡想著：『我可以就這樣坐著，一輩子都不要起來。』」

茉莉的小孩馬克提早三個月出生，在那令人焦慮的三個月裡，她每天待在醫院加護病房照顧馬克的時間長達十八個小時。「我待在那裡的時間長到每個人都以爲我是醫院裡的護士。」她說。

然後，馬克十個月大時，突然死於「突發性嬰兒死亡綜合症」(SIDS)。托育中心的醫師試圖搶救他，但沒能成功。

一開始，茉莉憂傷過度，幾乎失去正常生活能力。「我整個人受到嚴重打擊，我的手臂抱他抱得發痛，直到二十年後的今天，那份愛、那股痛楚猶如昨日一般。你以爲你可以想像失去孩子有多痛，但是當它眞的發生時，那份痛楚遠比你能想像的還要強烈千萬倍。」

讓茉莉從椅子上站起來、讓她有意志繼續活下去的是，她突然想到自己如果死了，媽媽該怎麼辦。「我不能這樣對我母親，我不能讓她經歷我經歷的痛楚。」

茉莉開始尋找方法面對失去愛子之痛。「我做的第一件事是建造一座紀念花園，」她說。「接著，我盡可能閱讀各類書籍。生死學大師伊莉莎白．庫伯羅斯 (Elisabeth Kübler-Ross) 的《論死亡與臨終》(*On Death and Dying*) 給我很大的幫助。」

「後來，有人告訴我一個叫作『慈愛之友』(Compassionate Friends) 的組織，我掙扎了三個月才加入。前面幾次，我沒辦法走進那裡，在車上足足哭了兩個小時。一年後，我成了那裡的輔導員並負責緊急救助電話。發現自己重生之後，我一樣哭了好久。後來，我開始將自己的親身經驗分享出去。」

之後，茉莉選擇去做一件改寫她生命的事。「我對於自己當初決定去上助產的課程仍舊難以置信。我花了好長一段時間才克服心理障礙，剛開始我根本無法注視小嬰兒，如今，我已經接生幾百名嬰兒了呢。」

復元是這項探究相對應的機會，是靈魂用以療癒你心智的過程。靈魂會竭盡所能協助你克服「失去」對你造成的影響。

每一位像茉莉一樣因爲失去至親而陷入深切悲傷的人，會選擇以不同的方式面對自己的傷痛。但是有些人會被危險（剝奪）所吞噬，無法走出傷痛情緒。茉莉是個謙遜的十級心靈者類型，帶有療癒的使命，能依循靈魂的指引、欣然接受相對應的機會，幫助其他人。

探究背叛

- 機會：信任 (trust)
- 危險：不確定 (uncertainty)

霍華德回家告訴太太艾莉森，他迷戀上辦公室裡一位年輕女同事黛娜。現在回顧，他不敢相信自己竟然問艾莉森是否介意他來段外遇。身爲思考者類型的艾莉森，一如往常理性地回應這個問題。「我怎麼知道？我不認爲我會介意，但是我沒辦法確實地回答一件還沒發生的事。」

一星期後，當艾莉森發現他和黛娜已經發生關係時，他就知道她的答案了。她簡直氣炸了。

「她大發雷霆，我以爲她會殺了我，」他說：「她手裡握著一把菜刀追著我跑。」

人與人的關係是建立在信任的基礎上，一旦信任瓦解了，便可能釀成悲劇。另一半的背叛帶給我們的震驚與沮喪可以持續好幾年，因而衍生的不確定感則可能跟隨你一輩子。

背叛信任

背叛的事隨處可見，許多人往往低估它潛在的影響。人們總是試圖訴諸理性來處理它，但是背叛的影響實際上是發生在更內心深處的。

一如某位問事者告訴我：「我不知道我為什麼那麼難過，我從不曾真的信任過他。」但事實上，她是信任他的。這就是為什麼當她抓到他下半身一絲不掛時，馬上就訴請離婚的原因。

背叛的探究通常始於某一事件，接下來你便得努力運用其對應的機會（信任），來克服不確定這項危險，讓自己恢復再度信賴他人的能力。

探究沉溺

✔ 機會：自由意志 (autonomy)

✖ 危險：受害 (victimization)

「我那時剛出監獄，」凱拉告訴我：「我因為酒駕撞毀了幾輛車。後來，他們送我去參加每週一次的醫院酗酒勒戒聚會。還不算太糟，聚會七點結束，而我通常九點以後才會開始喝酒。」

凱拉是十級的思考者靈魂類型，但是表演者類型的影響力讓她非常擅長說故事。她已經六年未曾酗酒了，但是，今世面臨自我毀滅挑戰的她，非得讓自己走到毀滅的盡頭之後，才能夠從逆勢中扭轉回正道。

「當時我只想要回我的駕照，其他的都無關緊要。在我出席的前兩次聚會，所說的每件事都是瞎編的。我假裝成是一個只是偶爾貪杯的人。」

「事實上，我有震顫譫妄 (delirium tremens)。[2]我顫抖得很厲害，沒有抓住手，根本無法寫字。我無法適當地表達、有條理地說出完整句子。我的腿不停發抖，甚至無法在紅燈時用腳踩牢煞車踏板。我失去丈夫和許多朋友。我每晚喝到不醒人事。」

「我出席第三次聚會時喝得爛醉，那個一把年紀、脾氣很大的輔導老師把我叫去做酒精值檢測，接下來我唯一記得的事，就是他叫了一輛計程車、把我踢出去，不讓我繼續參加聚會了。」

「一到家，我馬上又叫了另一輛計程車再回到醫院。我氣極了，我兼了兩份差事，我非得要回駕照才能開車。」

隔天下班，當凱拉和一名同事去吃披薩時，一件令人震驚的事發生了。在啜飲一小口酒之後，酒杯居然對她說起話來。

「我看著酒杯說：『你會是我喝的最後一杯酒嗎？』那杯子說：『或許吧。』沒有白光、沒有神奇的顯靈，而是眞正的心靈覺醒。我這才了解，一定還存在其他不同的生活方式。不管那是什麼，都絕對不會比我現在的生活還可怕。」

隔天，她參加了一場戒酒無名會（Alcoholics Anonymous）舉辦的聚會。「我原以爲我

2 酒精中毒引起的酒瘋。

或許在撐六個月之後，會繼續酗酒。但在三個月後，我便知道自己不會再回復過去那種生活了。」

最後，卡拉成了戒酒無名會的州代表，向酒醉駕車者講習，也到扶輪社介紹該會。她現在仍在幫助人們恢復正常生活。「我讓我的生命成爲戒酒計畫活生生的成功見證。」她說。

探究沉溺不是只有酒精或毒品，還包括性、跑步等衝動。若能成功克服沉溺，便是自由意志（機會）對受害（危險）的一大勝利。諷刺的是，自由意志的濫用正是當初導致如此多人沉溺的元兇。

探究偏狹

✔ 機會：尊嚴 (dignity)

✖ 危險：妄自菲薄 (unworthiness)

許多人、尤其是少數民族都曾深受偏狹的後果所害。即使是像紐約這麼多元化的地方，都曾經讓「愛爾蘭人不得申請」(No Irish Need Apply) 等標語四處飄揚。此外，幾世紀以來的印度，種姓階級較低的賤民向來無法擁有其他人享受的機會。

如果你無法被其他人接受，便可能覺得自己毫無價值。這時，你的靈魂會選擇探究偏狹來幫助你跳脫危險（妄自菲薄），以減低你所受到的傷害。探究偏狹也會幫助你達到自我接受，並發展出相對應的機會（尊嚴）。

鄧肯即將離開學校。他雖是一名同性戀者，卻不會對此感到不自在，只不過，事情並非向來這麼如意，中學時他過得並不輕鬆。「我想我同學比我自己還早知道這件事，」他說：「我遭到許多言語嘲諷，笑我是同性戀，那眞是我的黑暗期，直到搬家後，情況才稍微好轉。」

他高中畢業後就出櫃了。「我在學校曾經和女孩子約會，那些都是眞的感情，我並不曾掩飾任何事。但我領悟到自己需要嘗試別的。」

鄧肯的一大考驗是告訴家裡的人他是同性戀。媽媽不是問題，問題在他那有著強烈宗教背景的爸爸，他很難面對這個事實。「我想，他會希望那只是一時的迷惘。」鄧肯說。

過去三、四年來，鄧肯愈來愈能自在面對自己的性向。「我終於開始覺得我擁有許多支持我的人了。如果爸爸不支持我，那是他的問題。我有許多朋友，他們都可以接受這樣的事。我學會了抬頭挺胸、爲自己感到驕傲。」

那正是他的靈魂所希望的。

探究遺棄

✔機會：獨立（independence）

✖危險：棄絕（rejection）

當琳達還在襁褓中時，爸爸便已離家，搬到別州去住。她從不曾聽說有關他的任何消息，直到她十五歲那年，爸爸打電話來，邀她前去他位於南卡羅來納州的家。

「我不確定自己眞的想要見他，」她告訴我：「我的祖父取代了他的位置，因此我從不缺乏父愛。我和媽媽談起此事，她讓我自己決定。最後，我決定前去。」

事情在父親到機場接她時就不對勁。「他對我說的第一句話居然是：『妳沒有我想像中漂亮耶。』」

「我們坐進他的車，有幾瓶伏特加的酒瓶在座位底下滾來滾去。他不斷問一些奇怪的問題，並告訴我，他太太可以幫我剪頭髮和找幾件體面的衣服。我告訴他：『這麼做沒有什麼必要。』接著，他說他會出錢供我上南卡羅來納州的包柏瓊斯大學。那幾天簡直像活在被鐵絲刺網隔絕的監獄裡。我對他說：『門都沒有！』」

「接著，他帶我到當地的夜總會及酒吧參觀，沿路上，他不停地喝酒。其中有一間酒吧，眞是名符其實的低級酒吧。我清楚記得，彷彿那是昨天的事。那酒吧裡頭有傳統的酒吧侍女，頂著一頭桃莉．芭頓式的假髮。爸爸居然問我為什麼不能看起來多像她們一點，我說：『你在開什麼玩笑！』

「回家的半路上，車子愈開愈慢，最後停了下來。然後，他抓住我、開始撕扯我的衣服。他說：『妳一歲後我就沒再見過妳光著身子了。』我摑了他一巴掌、用力把他推開。他突然住手，裝得一副像是他突然清醒，知道自己在做什麼似的。」

就這樣，琳達再也沒和父親見面了。

為了降低因為被遺棄而受到的傷害，靈魂會引導你走向這種探究的機會（獨立）。琳達的確是這樣的一位女性，她是我見過思想最獨立的人，只是，她仍無法避免受其危險影響。

「毫無疑問地，」琳達說：「我是徹底棄絕他了。」

了解你的探究

有些探究是再明顯不過了，你或許對自己此生要探究什麼已經了然於胸。有些探究則不見得那麼清晰可見，或存在的時間可能還不夠長，不足以對你造成影響。不管如何，你的指導靈都能協助你找出你目前正在經歷哪一項探究。

進入冥想狀態（參閱引言「簡單的冥想技巧」），並召請你的指導靈，請祂們協助你找出你探究的項目。利用以下清單來提醒自己。

- **奴役**：受到像奴隸般的對待；學習幫助他人。
- **虐待**：遭受身體、性或精神上的虐待；發展復元力。
- **殘疾**：身體或精神上受傷；學習適應。
- **失敗**：遭遇一連串的失敗與失望；學習堅持不懈。
- **不公不義**：因爲遭逢不公義事件而自我貶抑；學習保持正直。
- **失去**：遭逢重大災難而失去至愛或財產等；學習從失去中復元。
- **背叛**：因爲某人的不忠而衍生不確定感；學習重拾信任。
- **沉溺**：某項沉溺或衝動之下的受害者；學習發展自主。
- **偏狹**：被視爲是沒有價值的人；學習實現個人尊嚴。
- **遺棄**：遭到所依賴的人排斥而受苦；學習獨立。

探究：＿＿＿＿＿＿＿＿

一旦知道自己此生要探究什麼之後，接下來便是找出方法讓你的探究轉而協助你。

當你處於冥想狀態時，召請你的指導靈，請祂們協助你運用你的探究。重複以下的請求：

「我在此召請我的指導靈，以我的最高利益爲主，協助我實現與我的探究＿＿＿＿相對應的機會，並允許我活出我的靈魂想過的生活。」

當你結束時，謝謝你的指導靈，並告訴祂們：「問事結束。」

如果你目前沒有任何要探究的課題，想想看你周遭的人。你可以爲他們做以下的祝禱：

「我在此召請我的指導靈，以我的最高利益爲主，協助＿＿＿＿（名字）實現與其此生的探究相對應的機會，並允許他活出他的靈魂想過的生活。」

一如往昔，當你結束時，謝謝你的指導靈，並告訴祂們：「問事結束。」

每一項探究都是獨一無二的，不會有兩個人以相同的方式經歷同一項探究，他們甚至可能透過同一個經歷，探索兩項截然不同的探究。

以離婚爲例，如果其中一人已經踏上探究接受 (acceptance) 之路，那麼他的焦點可能會放在如何維繫自己的尊嚴與自我價值感上。

但如果另一半正在探究的是遺棄，那麼她看待這個離婚的經驗就會很不一樣。她可能得力抗自己是否有能力獨自生活的巨大恐懼（離婚對於正在經歷這項探究的人而言是很可怕的）。

探究是靈魂對於無法掌控的負面環境所做的最好安排，當生命遞給你一顆酸澀的檸檬時，你的靈魂會將它變成好喝的檸檬汁。它會利用與每項探究的機會來激發自我賦能。

你的靈魂最不想要的就是成爲大環境下的受害者，他希望你能反擊、堅強、爲自己勇敢站出來。最重要的，他得防止你失去活出你的靈魂想過的人生的能力。面對你的害怕與渴望、以及你的挑戰與探究，你才能讓自己更茁壯，讓心靈日漸成熟。同時，也才能不斷昇華到生命的下一章，擁有更快樂、更充實的未來。

接下來，我們將回顧你的靈魂過去生生世世所累積的豐富經驗，利用這種方式，你將能夠學習運用過去的豐富經驗，提升今世更美好的生命樂章。

【第三部】

實現

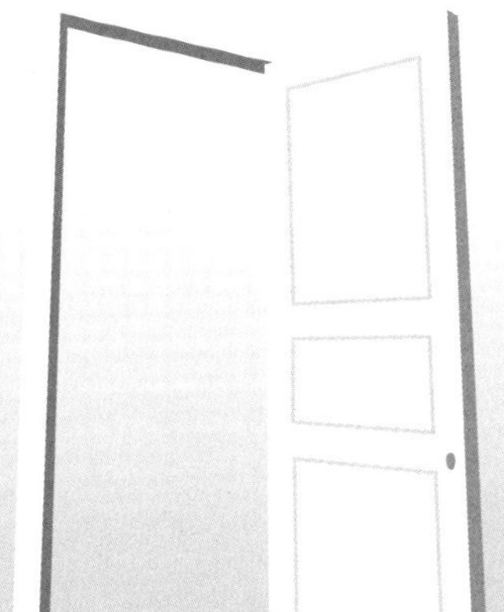

第九章 創意之門

第八門課 天賦：運用前世的能力

若能獲得認可，所有天賦皆能為你利用。讓你的孩子開發出各項天賦是很重要的。而為人父母者要有所領悟，自己的天賦不必然是孩子的天賦，這一點更是重要。

——作者的因果層指導靈

心靈指南的最後這部分將告訴我們如何與靈魂世界聯繫，以及如何在它的支持下達到眞正的開悟。第一步是開啓創意之門，並回到前世取用你的天賦，讓自己的潛能獲得充分發揮。

數十年前，當我還是倫敦的一名插畫家時，過得相當困苦，許多最基本的事務都必須自己親手打理，例如簿記。收入必須加進來、支出費用必須扣除。你或許認爲這沒什麼，對我而言可不容易。我向來不擅長數字，結果，我的帳本記得亂七八糟。

有一天，我和朋友聊起這件事。

他說：「你身上這件襯衫很好看呀，是你自己做的嗎？」

我說：「當然不是。」

「你的頭髮呢？是你自己剪的嗎？」

「別開玩笑了。」

「那麼，當你可以請其他擅長簿記的人來幫你時，爲何要讓自己陷入一團混亂呢？」

重點是，我們都擁有不同的能力（只是，簿記恰巧不是我擅長的那一項）。在出生之前，你的靈魂會選擇一或多項天賦隨你來到肉身層，幫助你經歷這一世的人生。每一項天賦都將伴隨著你，從出生一直到死亡。也就是說，如果音樂是你的天賦之一，無論你何時開始學習樂器，都不嫌晚。

最擅長運用自己特殊才能的人往往被說成是天賦異稟，我們總是把他們看得好像很特殊。事實上，如果你用心尋找，幾乎可以在多數人身上發現不同的天賦。我的天賦是直覺，這項天賦不僅讓我天生適合成爲靈媒，也讓我有興趣利用它、並持續開發相關的能力。

常有人問我：「我們不是或多或少都具備一些靈媒的能力嗎？」

當然。我們也都有能力彈奏小提琴，只是多數人對這些事一點兒興趣也沒有，而且只有少數人擁有這項天賦。

但是，如果你想演奏小提琴，而你也有音樂天賦，那麼恭喜你前途無量！

天賦是源自於前世的經驗。如果你這一世是一名天賦異秉的藝術家，這代表你前世曾經從事過藝術工作。或許你曾在文藝復興時期的義大利畫過壁畫，也或許你曾經是一位幫佛經繪製圖解的僧侶呢。

由於天賦會讓人對某特定活動存有一股內在的渴望，因此，擁有一項天賦、以及對它充滿熱情通常是相互配搭的。

探索天賦

十項天賦中，我們多數人會擁有其中一或二項，有些人則會同時擁有三項或甚至更多。擁有多項天賦的人通常也負有探索的使命，因爲較廣泛的能力或許可以增強他們多樣化的體驗。

你的靈魂通常會在機會降臨時，將你的天賦帶到你身邊。可是，擁有同樣天賦的兩個人卻可以很明顯看出程度上的差異。因爲，有一些方法是可以幫你的天賦「快速充電」的，可以在你特別需要時迅速加強其能量。稍後我們將會一一檢視這些方法。

現在，我們先來看看每一項天賦的運作。

十項天賦

- 療癒 (healing)）
- 同理心 (empathy)
- 教育 (education)
- 邏輯 (logic)
- 藝術 (art)
- 溝通 (communication)
- 體能 (activity)
- 建構 (construction)

- 音樂 (music)
- 直覺 (intuition)

靈魂世界認爲，天賦是偉大創造力背後的祕密，我們可以從藝術及音樂天賦中找到許多這類例子，但這道理其實也適用於其他各項天賦。有自己的一套方法處理數字的會計師展現出這樣的創造力，而厲害的特技演員及妙手回春的外科醫師也不例外。

療癒的天賦

- 機會：復原 (restoration)
- 危險：犧牲 (sacrifice)

如果你有療癒的天賦，你的靈魂自會找機會運用它。如果不能有機會運用，帶它來到這一世有何意義呢？

我有許多問事者的職業是醫師，他們都是學有專精的療癒者，但是並非他們所有人的靈魂都選擇了療癒這項特殊天賦。

怎麼會有人不帶有療癒天賦卻選擇進入醫療專業領域？我曾經在這本書前面提過

一位天賦異稟的醫師，她便是這樣的人。帶著療癒天賦難道不會讓她的工作能力更上一上層樓嗎？

或許會。只不過她這個人很容易讓自己陷入不利的境地：犧牲的危險。爲了安全起見，她的靈魂決定不要帶著它。

誠如我的指導靈所說：「她成爲一名偉大療癒者需要具備的一切，都源自於她那年長、屬心靈者類型且帶有助人者影響力的靈魂。如果她選擇療癒天賦，很可能會讓自己成爲醫療領域的犧牲者。」（與其如此，她選擇同理心這項天賦，讓她在這幾年來得以幫助那些遭受性侵害的婦女）。

除了醫師、護士、牙醫及助產士等，療癒天賦還會出現在許多選擇從事另類療法的人身上，例如針灸及順勢醫療，尤其是按摩推拿師（他們同時擁有直覺的天賦）。

另外，父母、老師爲了幫助自己照料那些心靈受創或不易發揮潛能的人，也會選擇這項天賦。是故，這項天賦的機會即爲復原。即使這些人不見得知道自己擁有這項天賦，他們還是擁有強烈的意願，幫助周圍的人完成他們的生命計畫。

同理心的天賦

✔ 機會：理解 (understanding)

✖危險：認同(identification)

對許多人而言，同理心是幻象破滅之後滋生出來的。不過，如果你能將它廣泛運用於工作或生活上，這項天賦將對你有相當大的助益。

照護者類型的人最常擁有同理心天賦，這讓他們能夠理解一些非口語表達的溝通訊息。

不過，並非只有那些照顧孩子或老年人的人才會擁有這項天賦，這項天賦也可以讓治療師或輔導人員透過理解（機會），與他們的當事人建立深厚的關係。

孩子通常會觸動一個人沉睡許久的同理心。這就是爲什麼有許多我們以爲不可能扮演好父母角色的人，在孩子出生之後，出乎意料變成了超級老爸老媽。

善用天賦增進伴侶關係

伴侶之間的同理心很重要。然而，就像所有的天賦一樣，它很容易被忽略或沒看出來，最常見的是沒被開啟。如果你自知未對伴侶付出同理心，可以嘗試開發這項天賦並善加利用。我們許多人都具有這項天賦，普遍程度遠比你想像的更大。

溫娣懷孕期間憂心忡忡。「我以爲我就要死了，」她說：「每個人都很興奮，除了我之外。我不要當媽媽。預產期愈來愈接近時，我甚至想過要放棄孩子，讓別人領養。」

小伊莉莎白誕生的那一刻，觸動了溫娣的同理心天賦，情況從此改變。「我不認爲自己知道愛的眞諦，直到我看到小女兒。現在，我知道爲什麼女人要不斷生小孩了。那是我這輩子遇過最棒的事了。」

當然，每一項天賦都有它的負面作用。同理心的危險便是過度認同。孩子出生之後，媽媽們往往很容易陷入這項危險，與成人世界切斷聯繫。

教育的天賦

✔ 機會：說服 (persuasion)

✖ 危險：武斷 (pontification)

坦妮莎每個星期都得向老闆們作報告，讓他們知道員工的狀況。問題是，她很討厭做這件事。即使只是想到要開這些會議，都會讓她感到厭惡。

「我和朋友在一起時沒這些問題，事實上，每個人都告訴我，他們無法讓我不說話。但是一旦站在一群穿西裝打領帶的人面前，我的舌頭就打結了，」她說：「我站在那兒結結巴巴、努力擠出使用了一輩子的詞彙。」

於是我們開始尋找各種可能的原因：不安全挑戰？害怕批判？當然，也可能兩者都有。我還告訴她要如何掌控她的挑戰與害怕。

後來，我的指導靈要我看看她的天賦。結果找到了：教育的天賦。那就是爲什麼她可以在一小群人面前侃侃而談的原因。

我教坦妮莎如何喚醒自己的天賦。現在，她正在學習把它運用在每週的報告上，並利用這些機會發展在廣大群眾面前運用這項天賦的能力。

教育天賦的機會是說服，能幫助一個人以很具說服力的方式散播知識。但是相對應的危險是武斷，就是以同樣具說服力的方式，傳遞個人很主觀的見解。

邏輯的天賦

- 機會：推論 (reasoning)
- 危險：正統觀念 (orthodoxy)

邏輯這項天賦會幫助一個人循序漸進，以線性方式思考事情。福爾摩斯及赫丘勒・白羅 (Hercule Poirot) 兩個人都會同意彼此。

「人必須靠自己的腦細胞，福爾摩斯，我的朋友啊。」

「很簡單，親愛的白羅，當你排除掉不可能的，剩下的、無論多麼不可信，必然是眞相。」

邏輯這項天賦讓人們可以循序漸進、合理地思考，這正是科學家及數學家不可或缺的能力。許多科學家及數學家都屬於思考者類型，他們天生具備這類的推理能力，只是，加上這項天賦的運用，將使他們的能力更向上提升。

邏輯是一種天賦，不是每個人都能擁有。在我們這個要求學生都應具備好的邏輯推演能力的世界裡，充斥了許多悲慘、嗚咽的「我不會數學」的聲音。

想想看，如果中學要求每個學生都必須精通美勞才能畢業，「我不會數學！」很快就會被「我不會美勞！」的吶喊聲取代了。

邏輯天賦的機會是推論。我們隨處都可見到這項天賦，許多律師、會計師都擁有它，全世界的大學教授也都選擇了它。其相對應的危險是正統觀念，所以許多從事上述職業的人都會拘泥於一套固有的工作方式。

多項天賦

古希臘哲學家蘇格拉底向來以邏輯辯論的能力備受尊崇。他同時擁有邏輯、溝通及教育的天賦。邏輯天賦幫助他縝密、理性地規劃他的論述，溝通天賦讓他善於表達，而教育天賦則賦予他傳授知識的才能。

音樂家偶爾也會選擇邏輯這項天賦，好幫助他們理解音符、音程、和弦、音階之間的精確關係。

音樂的天賦

- ✔ 機會：鼓舞人心 (inspiration)
- ✖ 危險：匠氣 (technicality)

莫札特五歲便開始譜曲，並不是因爲好玩。還是個孩子時，他便已經被視爲音樂大師，巡迴歐洲彈奏自己寫的鋼琴曲子。十四歲時，他寫下第一部歌劇。在他三十五歲過世時，留下六百多首曲子，其中包括五十多首交響曲。不必多說，莫札特絕對是一位音樂天才。

當他的靈魂在靈魂層計畫要出生成爲莫札特時，他做了一些極其謹慎的盤算。

莫札特的前幾世若不是音樂家、就是作曲家。上輩子，他出生在瑞典一間修道院，成為一名宗教音樂作曲家。

莫札特的靈魂找到一個能夠賞識他的天賦並加以培養的家庭。對莫札特而言，父親一直父代母職地照顧著他。他極度關注兒子的職業生涯，對莫札特後來享有的成就功不可沒。

天賦的難題

在回溯前世時，你可選擇從一或多個前世裡取得供你利用的天賦。問題是，當你用這種方式回到前世時，你取得的不僅是好的東西，還包括一些害怕與悲傷。

這就是為什麼許多天賦異稟的人往往充滿苦惱、不安、恐懼或抑鬱的原因。許多偉大的音樂家都出生在音樂世家，這並非巧合。想想看，若空有音樂天賦，父母卻不鼓勵、不賞識、或沒有能力幫你買樂器，反而會導致深層的失落感，甚至大大影響你的生命計畫。

許多音樂家都會落入這項天賦的危險（匠氣）。一旦如此，他們會把焦點放在技法的發展，而忽略了情感的投入，也會忘了鼓舞人心的機會，也就是透過音樂讓人與人可以心靈相通。

溝通的天賦

✔ 機會：表達 (expression)
✖ 危險：離題 (digression)

溝通這項天賦在許多領域中提升了許多人的生活。像克萊倫斯・丹諾 (Clarence Darrow) 及約翰尼・科克蘭 (Johnnie Cochrane) 等律師就擁有這項天賦；瑪麗亞・卡拉絲 (Maria Callas)、貓王等各種表演者類型的人，則利用它與觀眾建立關係。不令人訝異地，溝通天賦最常出現在演員身上。

同樣都擁有溝通天賦的演員，彼此之間有何不同呢？這很難描述。像金・凱瑞 (Jim Carrey) 這類誇張的表演者類型擁有這項天賦，但是比較拘謹的詹姆斯・史都華 (James Stewart) 同樣也有。

華德・迪士尼 (Walt Disney) 則善於運用它來把自己的點子傳達給員工了解。有一次，他甚至自己扮演《白雪公主》童話故事裡面的每一個角色，把整齣戲表演出來，向繪製人員呈現他對這部電影的想像。他的表演讓畫師們印象鮮活，最後將故事製成動畫電影。[1]

珊蒂是第八級靈魂思考者類型的人，帶有心靈者影響力。當我看到她擁有溝通的天賦時，我說：「妳有一個故事要說，妳是作家嗎？」她倒在沙發上大笑。

「那是我的夢想，」她說：「也是我最大的疑問。我是否應該專心從事寫作？」

「心靈類小說？」我問。

珊蒂笑得更大聲了。「那正是我想要寫的。」

一小時之後，珊蒂離開我的辦公室，帶著如何把她的天賦運用到工作上的技巧一起離開的。

溝通這項天賦的好處是，它會幫助你表達自己。壞處則是，你可能會陷入離題的危險。我們常可見到，許多看起來善於溝通的人，老是會忘記把重點清楚表達出來。

建構的天賦

1 迪士尼於一九三七年推出世界第一部動畫電影《白雪公主》(*Snow White and the Seven Dwarfs*)。

- 機會：創始 (origination)
- 危險：焦慮 (preoccupation)

我們都知道，當我們完成一件事情時，會覺得心滿意足，即使那只不過是做了一頓晚餐。**對那些有建構天賦的人，想看到最後成果就是他們做事的主要動力**。他們希望自己的努力能帶來有形的成果。

如果有個孩子很擅長玩樂高 (Legos) 及萬能工匠 (Tinker Toys)，那麼他便很可能具備建構的天賦，那些我們認爲「手很靈巧」的小孩也一樣。

當這些小小樂高建築師長大之後，可能會成爲建築師或工程師，又或者他們會選擇能發揮手技的職業或嗜好，例如製作吉他、製陶、或製作傢俱。建構的機會是創始，所以他們很享受從無到有創造出新東西。

許多成功的企業創辦人也擁有這項天賦。一項事業就像一件樂高作品，其中包含規劃及建構，也會帶來具體可見的結果。

對於擁有這項天賦的人而言，看到自己的付出有了豐碩的成果，就是最大的犒賞。可惜，**他們許多人由於過度專注於最終的目標，而容易陷入焦慮的危險**，使得他們無法全然享受生命的過程。

體能的天賦

✔機會：紀律（discipline）

✖危險：不眠不休（unrest）

如果你想看這項天賦的實際運作，就看看聞名國際的太陽劇團吧。馬戲團演員通常是屬於創造者或表演者類型，他們會選擇這項天賦幫助自己表演高空鋼索、高空鞦韆，以及任何需要非常靈巧與協調的肢體才能從事的表演。

以表演雜耍的人爲例，他們就注入了熱情到這項天賦中，把它發揮得淋漓盡致。沒了這項天賦，他們不會有耐心不斷練習。

這項天賦也爲偉大的運動家帶來紀律的機會。奧林匹克運動會提供機會讓各類型的靈魂得以表現自己，無論是思考者類型的選手比賽射箭，或是創造者類型選手加入花式游泳團隊，體能天賦都讓他們能夠團結一致，並促使他們在自己擅長的活動中不斷進步。

體能天賦讓人的肢體協調性特別好，如果再加上紀律，便成了玩弄撲克牌於無形的魔術師，以及擊中球速九十英里的棒球選手背後的那股神祕力量。

但並不是每位擁有體能天賦的人都如此顯著地運用這項天賦，有些人會選擇這項天賦幫助自己完成工作。例如護理，這類工作需要辛苦地投入相當多的勞力。

許多擁有體能天賦的人會出現的問題是，陷入不眠不休的危險，他們往往覺得自己隨時都必須要有事情可以做。如果可以全心投入工作或跑步消耗一些體能，對他們或許會有所幫助。

直覺的天賦

✔ 機會：洞察力 (insight)

✖ 危險：過度敏感 (hypersensitivity)

直覺是所有天賦中最不受到認同的。如果你了解擁有直覺的跡象，你會發現周遭擁有直覺天賦的人比你以爲的還多。

我在本書的「引言」中曾提及，我從小便有通靈的經驗，就像每一位擁有這項天賦的人一樣，我帶著這項天賦來到了這個世界，儘管靈魂世界得花好長一段時間，才能讓我注意到並接受它。

終於接受靈魂的感召時，我回顧自己的過去，看到的是一團混亂的生活，與通靈的天性似乎完全沾不上邊，生活既平凡又膚淺，大多不值一提，只不過偶爾會碰上一些似曾相識（*déjà vu*）的事、或預知收音機下一首要播放什麼歌，僅僅如此而已。

比較值得注意的一件事，是當我還在蘇格蘭讀書的時候發生的。當然，一直等到過了好幾年、開始和靈魂世界溝通後，我才懂得那件看似微不足道的事所隱含的意義。一切是從我的女房東養的吉娃娃卡羅斯愛上我之後開始的。有一次，牠不小心吞下一根穿著線的針，我努力在不傷害牠的情況下，把針從牠的喉嚨拉了出來。之後牠就迷上了我，我們經常開玩笑說，牠一定是為了報答我把牠從鬼門關救回來的恩情。

那些日子裡，我的生活極不規律。昨天可能下課後就直接回家，今天很可能半夜才下班、和朋友閒晃，或和我的樂團表演去了。但是，只要我在女房東睡覺前回家，她都會遞給我一杯熱騰騰的咖啡。

她之所以知道我快回到家，是因為卡羅斯在我回家前二十分鐘，便會跳上窗戶旁的椅子，往外四處張望尋找我的蹤影。我們住在新月形街道最裡頭的一間公寓頂樓，也就是說，他們得直到最後一分鐘才看得見我回來。當我出現時，卡羅斯便會興奮到有點歇斯底里。

我進門時，牠會圍著我不斷繞圈圈，又吠又舔，我則會撫摸牠個幾分鐘、喝杯咖啡，然後一切恢復平靜，直到下一次我回家時，這個戲碼會再重來一次。

我那時候並不知道狗有超感應能力，這是曾經身為馱畜（例如馬或驢）的結果，感應溝通對於馱畜很重要。如果你的狗（或其他人的狗）知道你快回到家，那麼很顯然你自身就具備通靈能力。

不過，直覺天賦還有其他徵兆。由於靈魂世界裡的時間是較爲流動的，你的靈魂經常會比你的意識自我早一步體會到一些感覺（在我了解這個道理以前，我曾經納悶，爲什麼壞消息總是在我情緒低落時來打擊我）。由於這項天賦的機會是洞察力，如果你曾經見過鬼魂，能早一步預見事情的發生，或感覺到某人會遇上麻煩、而且事後證實你的預感沒錯，那麼，極可能你也具備直覺的天賦。

當然，這項天賦也有它的危險，那就是過度敏感。有通靈能力的人往往很難不受周遭其他人情緒的影響。

藝術的天賦

- ✔ 機會：想像 (imagination)
- ✖ 危險：分心 (distraction)

創造者類型的人最常選擇這項天賦，但是任何類型的人只要擁有藝術天賦，都可以創造出優異的作品，就像達文西。

達文西屬於七級靈魂思考者類型，並帶有強烈的創造者影響力。他運用藝術天賦，於閒暇時創作了舉世聞名的《蒙娜麗莎的微笑》。但他畢竟是屬於思考者類型，因此他更關注的是科學探索，而不是單純當個畫家。

創造者類型的人通常不太選擇這項天賦，因爲這項天賦的危險是分心。「我想要完成我的畫，但是我還沒做好咖啡桌桌面的馬賽克，而且還有一本書等著我畫插畫呢……」這就會造成分心。達文西一生完成的作品寥寥可數，這便是原因之一（難怪他一直未能完成他的咖啡桌創作）。

了解你的天賦

進入冥想狀態，並召請你的指導靈。請祂們協助你找出可供你利用的天賦。利用以下清單來提醒自己。

- **療癒天賦**：有治療的天分；關心其他人身體上、心靈上、情緒上及精神上的健康福祉；有傳遞治療能量的能力。
- **同理心天賦**：能感受到他人的感覺；感到自己與眾人是相關連的；能理解非言

語的溝通訊息。

- **教育天賦**：渴望散播知識；天生博學多聞；有能力讓別人理解事情。
- **邏輯天賦**：擅長下棋這類遊戲；數學好；善於分析問題。
- **音樂天賦**：音感佳；對音樂充滿熱情；有能力演奏樂器。
- **溝通天賦**：說、寫能力好；有條不紊地表達想法；渴望和其他人接觸。
- **建構天賦**：能夠事前做規劃；任務導向；渴望看見具體的成果。
- **體能天賦**：享受激烈的運動；協調性佳；喜歡從事需要一些身體活動的工作。
- **直覺天賦**：通靈能力；能感應其他人的心情；能接收到來自非實體世界的溝通訊息。
- **藝術天賦**：想像力；能夠表達創意；對視覺刺激有強烈的反應。

你的天賦：＿＿＿＿＿＿＿＿＿＿

取用你的天賦

現在，我們將繼續從你的前世中取用那些曾經屬於你的天賦，方法如下：

進入冥想狀態（參閱引言「簡單的冥想技巧」），並召請你的指導靈，請祂們協助你彰顯你的天賦。重複以下的請求：

「我在此召請我的指導靈，以我的最高利益爲主，協助我取用屬於我的天賦。請求將我的＿＿＿＿天賦帶到我的意識層，讓我活出我的靈魂想過的生活。」

重複這項練習，取得曾經屬於你的每一項天賦。當然，結束時，記得謝謝你的指導靈，並告訴祂們：「問事結束。」

在開始從事任何你可以發揮天賦的活動之前，請你的指導靈協助你：「我在此召請我的指導靈，以我的最高利益爲主，協助我取用屬於我的天賦。」

往往當我告訴問事者他們的天賦是……就說是音樂好了，他們會點頭並告訴我他們彈吉他或鋼琴，或是他們在教堂唱詩班唱歌的種種。

還有，偶爾也有人會說他們曾經多麼喜歡彈鋼琴或他們大學時加入樂團的往事，用的都是過去式口吻。他們會這麼說：「我曾經很喜歡彈鋼琴，但我現在太忙於工作，再也沒有時間彈了。」

你的天賦之所以存在，不會沒有道理的。可惜，因爲過於專注於自己的生涯發展（幻象的另一項影響），我們許多人早已經忘了，我們工作上的表現不見得和工作以外的生活一樣重要。

無論你擁有什麼天賦，善加取用。這不僅會讓你充滿創造力，也會幫助你活出你的靈魂想過的生活，能讓你充分發揮潛能。

創造力起源於前世，是眞正屬於精神面的。在任何你選擇從事的工作上注入愈多的創造力，你便愈不容易被幻象迷惑。

和取用天賦一樣，打破幻象的過程也是可以加速完成的，方法就是全面、持久地與靈魂世界連結。在接下來的兩個章節，我們將一探究竟。

第十章 靈性之門

第九門課 力量：與靈魂世界連結

如果身體是飛機，那麼意識心智便是飛行員，靈魂是塔台控制人員，指導靈則是緊急救援小組。這比喻或許過度簡化了，但是應該可以幫助我們概略了解它們彼此的關係。

——作者的因果層指導靈

接下來的兩道門，將引領你到達身體與心靈平衡的境界。

第一道門將帶你到一個能讓你與靈魂世界永久連結的地方。

第二道門將讓你了解對等 (reciprocity)，亦即待人如己在心靈上的重要性。

我們的目標是完成開悟的旅程。

第一步是發展眞正的靈性。

如果可以，想像一段五〇年代科幻小說電影的情節。地球的太空人來到外太空，遇到兩個不同的外星種族，各自住在兩個全然不同的星球上。

第一個種族是札格人，他們住在充斥著混亂與吵雜的環境裡。家家戶戶都有好幾台電視機，不斷播放著無需動大腦的遊戲節目。札格人的工作時間很長，幾乎沒有時間可以從事什麼休閒活動。

他們彼此離得遠遠地，認爲生命是一連串無止盡的睡覺、醒來、工作、看電視、再回去睡覺的循環。

札格人對保護自己居住的世界一點兒興趣也沒有。他們不做資源回收。事實上，他們總是直接把垃圾丟到街上，然後妄想著「別人」會去清理街道。可惜，沒有這種「別人」存在。

另一個種族是藍努遜人，他們是一個截然不同於札格人的種族。他們重視平靜與放鬆，爲此，他們每天會撥出許多時間冥想。

藍努遜人爲生活而工作、而不是爲其他任何事，他們也相當以此種信念爲傲。

每一位藍努遜人都覺得自己與自然界是相通的。他們做資源回收利用，避免耗盡資源或污染環境。爲了自己及後代子孫，他們盡一切可能做好居住星球的環境保護。

他們知道生命不只一次，得經過好幾次的輪迴轉世，他們要確保自己來世還能有像現在這樣舒適的星球可以居住。

現在，讓我問你一個問題。

上述兩個種族中，哪一個的生活方式心靈層次比較高？

A：札格人

B：藍努遜人

希望你的答案是「B」（如果你回答「A」，我建議你翻回本書第一頁，再重頭讀一遍。）我們憑直覺知道，平靜且具環境意識的外星種族的靈性層次，比吵雜又以自我爲中心的那個種族還高。

我們心裡都知道，那是因爲平靜且具環境意識即代表靈性。

但是我們要如何達到靈性呢？你要如何做才能活出靈性的人生呢？

當你透過你的指導靈與靈魂世界接軌時，靈性便自然而然產生了。好消息是，那樣的連結並不難做到。

任何人都可以與靈魂世界連結。你不需要比別人聰明、比別人虔誠，也不需要特殊飲食、崇拜特定神祇、攀登高山、或是成爲遁世者。

你只需要發展超能力(superpower)。

超能力？

沒錯。不過，不是那種能讓你跳過高聳建築物的力量，**而是那種能協助你粉碎幻象，讓你與你指導靈源源不斷的支持做連結的力量**。

這些力量能賦予你洞見，會協助你邁向清楚的目的地。也可以讓你在需要的時候，隨時召請你的指導靈。

活到現在爲止，你或許會花較多時間規劃感恩節晚餐，而不是你的生命方向。但是，一切即將改變了。

你現在投入生命的規劃與準備工作愈多，你愈有機會擁有自己希望的未來。那樣的未來不僅和你靈魂的渴望一致，也和你自己的生命計畫一致。

你準備好了嗎？你的生命眞的會因此改觀。

和天地萬物連結

一旦發展成熟，你的力量將一輩子跟隨你。只要你的動機純正，你運用指導靈給予你的支持力量會日益純熟。

在這一章，我們將一一檢視這十種力量，並一起探究如何創造你想要的未來。每一種力量相對應的機會，是你與靈魂世界達到心靈的連結所需要的。如果你緊握幻象不肯放手，危險便會隨之而來。

十種力量

- 平靜的力量 (tranquility)
- 明晰的力量 (clarity)
- 放鬆的力量 (relaxation)
- 正直的力量 (integrity)
- 保護的力量 (protection)
- 預見的力量 (visualization)
- 意向的力量 (intention)
- 溝通的力量 (communication)

- 指導的力量 (guidance)
- 行動的力量 (action)

平靜的力量

✔ 機會：祥和 (serenity)

✖ 危險：分心 (distraction)

在這個混亂、嘈雜及充滿刺激的世界裡，幾乎不大可能獲得你靈魂想要的平靜。但你若想汲取宇宙萬物的力量，就必須維持一顆平靜的心。

札格人周遭充斥著吵雜，以致於想要跨出小小的一步都很艱難。要在我們居住的地球上尋找一處平靜、安祥的處所，同樣得花不少努力。

所以在你邁向充滿希望的未來時，第一步就是尋找平靜。或更具體地說，**尋求一個安全、寧靜、不讓自己受到干擾的地方**。

你或許可以在起居室或臥室爲自己營造一個舒適的角落。我有一位問事者便在自己房間的角落布置了一個「窩」，她買了一張舒適的扶手椅、一小張橡木桌及一盞綠色玻璃銀行家燈。

她會利用這個角落練習冥想、寫日誌、閱讀、或只是坐著想事情，一天至少兩次。家裡其他人都知道這個角落是她的專屬區域，因此她在那裡時不會去打擾她。

靈魂世界希望你擁有屬於自己的空間不是沒有道理的。**它要把你從吵雜不堪、瞬息萬變的環境中抽離開來**。有了特定的地方、甚至是特定的時間，你和你的指導靈將能達成默契，知道那就是你們專屬的共處時段。一旦避開分心的危險，你將發現自己更容易達到祥和的機會。

明晰的力量

- 機會：清澈 (lucidity)
- 危險：優柔寡斷 (indecision)

你愈清楚自己想要什麼樣的未來，你的指導靈愈知道如何幫助你。但是，你該如何想清楚呢？

聽起來或許會太過平凡，但是祕訣其實就是寫日誌。這是實現你的生命目的極其重要的步驟。

讓我拿電腦作爲比喻吧。

你的大腦是硬碟；你的日誌本是可供燒錄的光碟片。一旦你的硬碟滿了，新的資訊就進不來了。如果你能將不需要的資料燒到光碟片裡，便能讓硬碟騰出新的空間存放你最需要的東西。

如果你的大腦想的盡是購物清單、莫名的擔心、得提醒自己的備忘錄、以及許多其他你根本不需要擺在大腦裡的雜務，請務必把這些東西都清到日誌裡。這是避免自己陷入優柔寡斷危險的基本方法。

定期這麼做，你的雜務雖然不會就此消失，但是你將能因此讓更重要的思緒流經大腦。這一切得感謝這項力量相對應的機會：清澈。

放鬆的力量

- ✔ 機會：感受力 (receptivity)
- ✖ 危險：執迷不悟 (impregnability)

當你的內在和外在都打造出了一個安靜的空間之後，接下來就開始要和這個宇宙產生連結了。

首先，讓你自己的心智平靜下來。如果你的大腦裡好像傑克森・帕洛克 (Jackson

Pollock)[1] 的畫一般雜亂無章，任思緒四處流竄，你的指導靈給你的任何方向都將迷失在這團混亂之中。

要營造一個能夠接受指導的心智，方式就是冥想（請參閱引言「簡單的冥想技巧」）。

這項力量的機會是感受力，它讓你的指導靈可以和你接觸。如果你沒有以此方式敞開自己的心智，就很難避免陷入執迷不悟的危險，意即你的意識心智會築起一道障礙，阻隔這個世界與靈魂世界的連結。

正直的力量

- ✔ 機會：支持 (support)
- ✖ 危險：束縛 (restriction)

曾經有一位憂心忡忡的祖母前來問事，她說擔心她的兩個孫子沒有受到妥善的照顧。我無法幫她任何忙，她既不是照顧那兩個孫子的人，動機也很可疑。她真正關心

1 美國抽象表現主義藝術家，也是近代美國公認最有影響力的畫家，一九一二年至一九五六年。

的是如何暴露她女兒的缺點，而不是眞正關懷這個家庭。一察覺到她並非出自眞誠的關心，而是多管閒事又不懷好意時，我的指導靈便結束了對話。

正直是接受指導靈指導的基本條件。別忘了，祂們什麼都知道。如果你別具用心，想要知道愛葛莎姑媽銀行裡還有多少存款、或想要詛咒你的前男友，門都沒有！不過，如果你想要指導靈協助你活出更有意義的人生、或協助鼓舞你的家人，祂們隨時在你左右。

唯一的祕訣就是隨時自問自己的動機是否純正。如果你的行爲正直，你便會獲得靈魂世界的支持（機會）。若居心不良，你則會陷入束縛的危險，在你和你的指導靈之間將會有一道牆橫擋著。

保護的力量

- ✔機會：安全 (safety)
- ✖危險：脆弱 (vulnerability)

在你開始和靈魂世界對話之前，我得提出一些警語。

你曾想過打電話給一個完全不認識的陌生人，請教他意見嗎？

當然不會。

然而，當我們說到另一個世界裡看不見的靈體時，我們許多人就會這麼做。

你雀屏中選了

如果有一位指導靈說自己是開悟者或是充滿古老智慧者，你得小心了。

如果他對你阿諛奉承，或告訴你你在某方面很特別時，請他離開吧。眞正的指導靈從不會阿諛奉承、也不會誇耀自己的能力。我再重複一次，祂們從不會這麼做。

唯有低階靈魂層的靈體會這麼做，而且他們怎麼說都算不上開悟。

指導靈來自於兩個不同的階層，靈魂層的指導靈多半已經完成祂們在肉身層的輪迴轉世了（不過有些仍在輪迴之間的靈魂也會協助與他們肉身層較為親近的人）。當那些在高階靈魂層的靈魂們與自己的靈魂伴侶重聚之後，將會前進至因果層，成為高層指導靈（因果層之上的靈體只能透過因果層的媒介與我們溝通）。

想要知道你的資訊是不是來自真正的指導靈，很簡單的方法就是問你自己兩個問題：「這些資訊是否合理？」、「這些資訊是否能賦予我力量？」

我們往往以爲靈魂層的每個人都是親切而慈善的。事實上，他們雖然一樣是靈魂，但是卻不見得都擁有崇高純潔的心。記得你那每天喝得醉醺醺的哈利叔叔嗎？那個喜歡在派對上把燈罩放在頭頂，帶大家跳康加舞、高唱「熱！熱！熱！」的叔叔嗎？他也在那裡。

與其他層的靈體溝通有可能是危險的。有一些溝通方法容易將你自己敞開給心存惡意的靈體，讓他們有機可乘。我認識幾個在沒有任何保護措施的情況下玩靈應板(ouija board)的人，他們在得知自己將會慘死之後變得心煩意亂。

這種事之所以發生，就是因爲他們引來的是靈魂層裡那些心懷不軌的低階靈體。

海若就遇到類似的事。她因爲掛心一件事，心情沉重地來找我。她年約五十多歲，卻擔心自己活不過六十歲。她說幾年前曾經玩過靈應板，她問靈界的其中一個問題是自己什麼時候會死。他們告訴她，確切的時間是五十九歲那一年。無論後來她又問幾次同樣的問題，答案都不曾改變過。她想知道，自己的大限是不是眞的快到了。

我開始召請我的指導靈，並確保自己是在受保護的情況下與祂們溝通的。

「你在做什麼？」她問。

「我在請求保護，以便確保我是在和我的指導靈接觸。」我告訴她。

海若顯得侷促不安，我對她笑笑，她也不自在地對我笑笑。我接下來說了什麼大概不難猜想。

「我猜，你是直接開始的吧。」

果不其然，那正是問題的癥結。

我的指導靈向她保證，她或許就是活到五十九歲、或七十三歲、或九十二歲，任何時間都可能。這並不是刻在石頭上無法改變的事。除了少數的例外，我們關注自己能活多久有弊無益。

哪一個指導靈？

在問事過程中，我會召請因果層的指導靈解決「攸關大局」的所有問題，也就是那些跟生命計畫及前世相關的問題。但如果我只是想知道諸如「祖父在那裡快樂嗎？」此類問題的答案，我便會問靈魂層的指導靈。

你究竟該召請哪一層的指導靈呢？因果層或靈魂層？答案是，交由祂們去做決定吧。你只需說「指導靈，以我的最高利益為主」，祂們便會決定誰出面對你最好。

保護是確保你能與善意的指導靈接觸的方法，讓你在脆弱的狀態下能離醉醺醺的哈利叔叔及其他麻煩製造者遠遠地。保護的機會是安全，但若沒能取得這項力量，危險將是脆弱，會讓你暴露在危險之中。

預見的力量

- ✔ 機會：方向 (direction)
- ✖ 危險：盲目 (aimlessness)

預見能讓你產生印象，幫助你決定將往哪裡去、以及如何到達那裡。**藉由預見你的未來，你和你的指導靈將創造出一個目的地：一個你可以聚焦的目標。**它相對應的機會是方向。方向能給你一個清楚的目的，並幫助你避免盲目的危險（會讓許多人無法達成他們的目標）。

在你開始之前，先讓自己平靜下來，並召請你的指導靈，祂們才有機會傳遞具體的影像給你。預見需要你和指導靈同心努力。

執行方法將於本章最後說明。

意向的力量

✔ 機會：信念 (conviction)

✖ 危險：不確定 (uncertainty)

你改變生命的心意愈堅定，你的指導靈愈願意幫助你。

我的指導靈常說，要讓一項特定的渴望成爲你的首要之務。例如，如果你想要成爲成功的藝術家，那麼每天練習畫畫、參加人體素描課程、週末參觀藝廊、睡前閱讀相關書籍的話，你便有較大的機會讓自己的夢想成眞。

同樣地，如果你想要遇到你的靈魂伴侶，有些方法可以加快腳步，讓你遇到你的眞命天子或天女。當然，這些方法也適用於任何一件你選擇達成的事上。

關鍵在於，你得清楚自己要什麼，並不斷向你的指導靈尋求協助。如果你從一天兩次的冥想開始，對你的指導靈說：「請你將我的靈魂伴侶帶到我的生命裡，請依我的請求行事。」你將能讓找尋靈魂伴侶的意向成爲首要之務。

重複說出你的意向能幫助你形成堅定的信念（機會），避免自己陷入不確定的危險之中。

溝通的力量

✔ 機會：取得共識（consensus）

✖ 危險：模稜兩可（ambiguity）

當我開始和指導靈接觸時，令我感到驚訝的一件事是，祂們怎麼這麼想和我們說話啊！我以前總以爲想要溝通的是我們，不是祂們。最初剛開始問事時，有次結束後我向祂們致謝，祂們說：「我們也要謝謝你，你給了我們一個目標。」

指導靈的用字遣詞必須十分講究，否則，我們和祂們的溝通將出現許多語意上的誤差。

從中我也學到用字遣詞的講究。明確表達對於我從事療癒研究這方面的工作幫助也很大，準確性是這類工作的基本要求。

「你會不會很介意……」

與另一個世界看不見的靈體對話需要一些技巧與努力。早期我幾番嘗試向指導靈問問題，讓我了解到一個重點：措辭要清楚，避免模稜兩可。

我犯的第一次錯誤是，問問題時都不改我蘇格蘭人的禮貌口吻：「我是否可以請教你……」。當時，我還很納悶祂們的回答為何總是「可以」，直到我發現祂們的意思其實是：「可以，你可以問我們……」。

言歸正傳，執業之初曾有問事者要我問我的指導靈，是什麼原因引發她的氣喘，但卻一直無法得到答案。我試了五分鐘之久，直到我改問：「是什麼原因引發蘿拉的呼吸問題？」突然間，祂們又健談了起來，洋洋灑灑列出一堆會導致她發出哮喘聲的過敏原，並強調蘿拉並沒有氣喘。

明確表達非常重要。「指導靈，我希望你能讓我變快樂」這類的請求，會讓你的指導靈不知所措。

反之，「指導靈，我希望你能幫我應徵上我剛剛去面試的那份工作」這類的請求，才能讓祂們知道著力點何在。

不含糊問問題，你將能取得共識（機會），你和你的指導靈彼此都能了解你努力想要達成的是什麼。反之，兩個問題併作一個問、或在腦袋不清的狀態下和你的指導靈接觸，你最後將會讓自己陷入模稜兩可的危險。

指導的力量

✔ 機會：綜效 (synergy)

✖ 危險：單方行動 (unilateralism)

許多人以爲指導靈傳遞答案的方式是在你的大腦產生聲音。事實上，通常你不會如此獲得答案，他們回應的方式雖然幾乎難以察覺，卻很強烈。

想像你眼前有兩個選擇，就說有兩份不同的工作等著你吧。甲工作的薪水比乙工作好，但卻是在另一個城市，換句話說，你得搬家。乙工作提供配車及各種福利，只是你得改變工作型態，而你並不怎麼願意這麼做。你該怎麼辦呢？

第一，將這兩個選擇描述給你的指導靈聽；第二，請祂們給你指導；第三，等待回應。

祂們會以清楚的形式給予答案。或許在你開車開了十分鐘之後，或隔天坐在家裡時，你會突然想：「爲什麼我竟然會考慮乙工作呢？」答案便揭曉了。

指導力量對應的機會是綜效，你與你的指導靈合作，達成你們不合作時不可能做到的事情。

沒了指導靈的指導，你的危險將是單方行動，意即遠離指導靈的指導，你將得靠自己單獨奮鬥。

行動的力量

✔ 機會：實現 (actualization)

✖ 危險：無法實現 (unfulfillment)

你已經學會如何尋求宇宙的支持，幫助你達成你的目標，現在，是你採取行動的時候了。

當機會來臨時，能不能認出並掌握它取決於你。你的指導靈能幫你的只有這麼多，祂們能把門敞開在你面前，但是只有你能選擇要不要走進去。

因此，當機會來臨時，問問自己，這機會是否符合你對未來的規劃。

行動力量對應的機會是實現，能讓你全心投入自己的生命計畫。反之，危險則是無法實現，那正是你的靈魂極力想避免的。

別忘了，有一天當你坐在養老院裡回顧自己的一生時，令你後悔不已的會是你未能及時把握住的機會，而不是那些你曾經抓住的機會。

掌握機會

如果你預見自己十年之內將會搭船環遊世界，這時候有人給你機會成為遊艇船員的工作機會，這艘遊艇下週將前往巴哈馬，你或許可以將它視為朝自己目標進一步邁進的機會。

即使你現在還沒準備好展開一段長程之旅，但它提供的訓練或許對你的未來是有助益的，或者是可能讓你遇到未來對你有幫助的人。

重要的是，問問自己這機會是否有益於你對未來的展望。

運用你的力量

平靜的力量

舒服地坐在一個安靜的地方，確保自己至少一小時之內不會受到干擾。關掉行動電話或其他可能的干擾源。

明晰的力量

如果當下有一些會令你擔心或分心的思慮，在進入下一步之前先把它們一一寫在日誌裡。

放鬆的力量

閉上眼睛，進入冥想狀態至少二十分鐘，或直到你覺得完全平靜下來。

正直的力量

利用以下方式召請你的指導靈：

「我在此召請我的指導靈，以我的最高利益爲主，請求讓我接收的所有資訊，不管從哪方面考量，都具有最良善的立意。」

保護的力量

請求保護，免受心存惡意的靈魂層靈體干擾：

「我請求我的指導靈於我與靈魂世界溝通時，保護我免受負面能量影響。」

預見的力量

接下來是讓你看見自己的未來。

使用以下清單確保你探究到自己生命的每一個層面。

- 地點
- 家庭
- 關係
- 生涯

❖娛樂
❖休息
❖友誼
❖旅行
❖健康
❖靈性

先從你未來十年的人生開始想像，它看起來像什麼？誰參與其中？你在哪裡？這麼做直到影像成形。現在，想像你未來五年的人生，直到影像成形。接著，再以同樣的方式讓自己未來一年的人生影像成形。

意向的力量

在你的日誌裡，寫下預見理想未來中所看到的十件事。這些就是你的目標。

溝通的力量

運用以下的請求，請你的指導靈支持你實現上述十項目標：

「我請求你幫助我實現我的『十項目標』，並讓我活出我的靈魂想過的人生，請依我的請求行事。」

指導的力量

每天至少一次認眞請求你的指導靈給你方向，花幾分鐘傾聽祂們的回應。回顧你提出的每一項請求，問問自己是否朝目標更邁進一步了。

行動的力量

開始採取行動，朝你的靈魂想過的人生前進。首先，便是列出十項你可以馬上開始去做的事情，好讓自己朝擬定的目標前進。

你隨時都可以請求你的指導靈給予支持。在祂們的支持下，你將能感受內心深層的平靜（這就是我們提到靈性就會聯想到平靜的原因之一）。

如果你習慣了一天至少和你的指導靈對話一次，很快地你就能感覺到祂們隨時就在你左右。因此，當你請求祂們協助時，你不需花太多時間便能找出祂們的方位。

持續與你的指導靈接觸，將能讓你從這個世界踏進另一個世界。一旦你學會如何做之後，某種轉變將會發生。你會有一種融合感，不僅僅是和你的指導靈，還有和地球上的所有其他靈魂。

當這種連結在一起的感覺逐漸增強時，你將發現自己成了藍努遜人了！或許沒有那麼誇張，但是，當你意識到我們全部是一起在這趟旅程裡，將有助於你變成一個像藍努遜星的人。

那代表了你在心靈上真正接受其他人。如果你能記住這一點，你對那些靈性層次比你低的人將會有微妙卻強烈的影響力。

如果你對下一個遇到的札格人指出你與生俱來的靈魂層次較高，並可以教他們如何達到如此的境界，他們會感謝你嗎？當然不會，他八成還會敵視你呢。

關於接受

有一位問事者曾經問我，如果接受其他人是否代表也可以任他們剝奪你。我的指導靈給的回答鏗鏘有力：「容許不好的行為並非崇高的行為，那對任何人都沒有幫助。提升靈性層次並不代表允許其他人進行有害或毀滅性的行為。」

「提升靈性層次意味著，去體諒不是每個人都和你用同樣的角度看待這個世界，也意味著，幫助其他人提升靈性層次。以身作則就是最好的方法。」

比較好的做法是以身作則。不要看輕札格人，別忘記，你自己並不是一直像現在擁有較高的靈性層次，你也曾經（即使不是在今世，也許就在前世）任由幻象主宰自己，無法或不願意用另一種方式來看待這個世界。

只要以較高靈性的方式生活，你將能向那些被幻象糾纏的人展示另一種可以令生命更富饒的生活方式。

現在，我們就要前往心靈指南的最後階段，你將發現如何透過最後幾個步驟完全打破幻象，達到豁然開朗的境界。

第十一章
開悟之門

第十門課　道路：依循靈魂的意願行動

依循靈魂的意願行動，表示一直沿著「道路」前進。遵循道路而上，將能達到真正的開悟。

——作者的因果層指導靈

什麼是開悟？開悟是指你採取的行動與你靈魂的目標一致。你已經相當了解你是誰、以及你爲什麼來這裡，也與你的指導靈接觸了。但是，開悟同時意味著給予其他靈魂支持與協助，爲了這麼做，你必須讓肉身層的自我與靈魂世界的自我整合。

換言之，你必須走出幻象的陰影，迎向陽光。

開悟之門將帶你探索十條道路，每一條道路都能幫助你和你的靈魂更接近。事實上，走過前面九條道路之後，自然而然會引導你走向第十條：愛的道路。

依循這十條道路並不像你想的那麼困難。你既不需要放棄塵世間的財產，也不需要和家人朋友分開，更無需嚴守晦澀難懂的教條。

你必須做的，只是待人如己。

這是做人的黃金原則 (Golden Rule)，[1] 就這麼簡單。

一旦開始遵循這些道路，你將發現結果有多麼驚人。若說你能利用它們重新創造你周圍的世界，一點兒也不爲過。

某個陽光普照的下午，沃特看到前面有一位騎哈雷機車緩慢前行的女警時，他放慢自己那台義大利阿波利亞 (Aprilia) 摩托車的速度。

女警把車停在路邊，沃特則繼續以每小時十五英里的速度前進。接下來，他只知

1 黃金原則，即《聖經》中的「你要別人怎樣待你，你就要怎麼待人。」

道她在他後頭對他閃燈，他把車停住後跨下車，納悶著自己究竟哪裡違規。

「牌照被遮住了！」女警嚴厲地說。

沃特茫然地看著她。他的機車牌照位置就像其他同款機車的車牌一樣，沒有任何東西懸掛在上頭、也沒有任何東西擋住。

「哪裡被遮住了？」他問她。

「牌照被遮住了！」她重複。

沃特失去了耐性，「哪裡被遮住了？」他再問一次。女警這時拒絕回答了，她只是把罰單撕下來交給他。

沃特簡直不敢置信，整件事就像最荒誕的一場夢。當她離開時，他在她背後大吼：「眞是丟臉！妳眞是丟臉！我們法庭上見吧。我絕對會讓妳後悔莫及的！」

幾個星期之後，沃特出現在地方法官的聽證會上。等到他抵達那裡時，他已經有許多時間累積夠多的怒氣了。他還在爲那張罰單生氣，他更生氣自己必須在交通尖峰時間趕過來。這對一名領時薪的建築工人而言，等於整個早上的工薪都泡湯了。

沃特描述自己如何一屁股坐在地方法官對面的椅子，就像現在坐在我辦公室的沙發上一樣。他態度惡劣，故意讓自己看起來極具威脅感。地方法官則完全相反，她的態度專業而公正。

「這是怎麼一回事？」她問。
沃特沒回答。
地方法官說：「你不打算解釋？」
「不打算。」他挖苦地回答。
他們完全靜默地互相瞪著對方，沃特拿出一疊照片，是從四台摩托車的後方照的。
他把照片甩在兩人面前的桌上。
地方法官盯著這些照片幾秒，客氣卻堅決地說：「讓我猜猜，其中一張是你的摩托車，而你要我猜是哪一台？」
沃特沒回答，只是點點頭。
「你的態度幫不了你，你可以把罰單付清，或是上法庭去。」她說。
沃特坐直身體，「妳是說我必須再度回到這兒來？」他大聲嚷嚷。
地方法官不理會他的怒火：「我可以安排庭期，我猜這是你要的？」
「答對了！」
「你希望那名警官屆時也到場？」
「喔，那當然！」
當地方法官將文件交給祕書，離開房間之後，沃特怒火中燒：「妳們這些人簡直在浪費我的生命，這個國家簡直是在浪費我的時間！」

這時，突然有什麼東西重重敲擊在他心上，一種覺悟。在那瞬間，沃特意識到自己自始至終眞是一個渾球。

他對自己說：「我不要再帶著這股憤怒了，這不是我。」

他給那位祕書一個大大的微笑，並說：「我很抱歉自己剛剛的行爲。」然後，他來到地方法官的辦公室，敲敲門走進去。她從桌子抬頭望著他，一副「現在又怎麼了」的表情。

沃特笑笑說：「我剛剛太沒禮貌了，我自己都無法相信自己會這樣。但妳卻沒有像我一樣，謝謝妳沒有以怨報怨。剛剛的事我很抱歉。」

地方法官有點訝異，「謝謝你這麼說。」她說。

當沃特離開時，他感覺好極了，彷彿卸下千斤重擔。他不敢相信自己因爲罰單這種小事，彷彿變了個人似的。

來到街上、站在他的摩托車旁，沃特拉起皮外套的拉鍊。正當他要戴上安全帽時，他看到地方法官匆匆離開那棟大樓，顯然是要去吃午餐。她瞥見他，給他一個友善的微笑。

突然間，她停了下來。她看了那台摩托車幾秒，然後走向它，瞇眼看著車牌。

「這就是那台摩托車？」她問。

沃特點點頭。

「我想，或許只是排氣管擋住了車牌，」她說：「問題在哪？」

沃特說，當他聽到那句話時，那段時間罩頂的烏雲瞬間消散。他聳聳肩說：「我不知道。」

「這眞是荒謬！」她說：「跟我來！」

沃特跟著地方法官回到她的辦公室。她請祕書把他的檔案調出來，並拿了枝筆在罰單上畫了個大叉叉。

「結案了。」她堅定地說。

沃特倒抽了一口氣：「妳在開玩笑吧？眞是太感謝妳了！」

「別客氣，」她笑笑：「祝福你有美好的一天。」

探索這十條道路

一個月後，沃特坐在我的辦公室，告訴我：「那一刻改變了我的生命。」

從狹隘的角度觀之，這三個人（沃特、女警及地方法官）的互動可能看起來就像平常發生的瑣事，但在靈性層次上，它卻代表著重大的意義。

合作

過度捕撈鱈魚的結果導致供應鍊崩盤，停止捕魚，讓魚群有時間繁衍，對我們每個人都有好處。可惜，短期的金錢利益讓那些依賴漁獲維生的人很難合作來配合這點。

每個人可能都了解濫捕的後果，也都同意應該暫時停止補魚行動，但是只要其中一個漁夫拒絕合作、繼續捕魚，其他人便會跟進。最後結果就是魚群消失殆盡，再也沒有人捕得到魚了。

因此，那些在位有權的人必須涉入，提供實質的財務獎勵，鼓勵大家遵循才是。

十條道路

現在，我要說明的是，沃特的故事如何觸及每一條道路，以及爲什麼這件事會對他的生命產生影響。

- 合作之路 (cooperation)
- 尊重之路 (respect)
- 知識之路 (knowledge)
- 平等之路 (equality)
- 諒解之路 (understanding)
- 正義之路 (justice)
- 眞相之路 (truth)
- 平和之路 (peace)
- 自由之路 (freedom)
- 愛之路 (love)

合作之路

✔ 機會：互惠 (reciprocity)

✖ 危險：自私 (selfishness)

合作是人類生存的必要條件，合作之路能幫助我們了解互惠這項機會的重要性。

當沃特跨下摩托車面對那名女警時，他表現出有合作的意願。但是當警官不願意回答、拒絕互相合作時，遂引發了後續一連串浪費眾人時間與精力的事件。

合作是靈魂來到肉身層接觸的第一個課題。學習互助合作，靈魂將逐漸了解，爲其他人謀利益其實就是爲自己謀利益。

能夠破除幻象的那些人最可能依循合作之路，反之，被幻象糾纏住的人則無法從各個角度考量，採取對大家（包括對他們自己）最有利的行動。

合作的機會是互惠。當你幫助其他人時，你自己也能因而大大受惠。危險是自私，當某人獨占全體利益、不願與其他人分享時，便會發生。

尊重之路

- 機會：尊嚴 (dignity)
- 危險：無禮 (disrespect)

尊重之路帶領你到一個地方，讓你得以了解其他人的重要程度並不亞於你。

當沃特選擇把地方法官視爲和他一樣的凡人時，他便能站在她的立場設想。此時的他正走在尊重道路上。他意識到他在地方法官辦公室裡的行爲是不對的，他自己並不希望從別人那裡得到同樣的對待。

他因爲選擇走上尊重之路，而得以賦予地方法官尊嚴（機會），反過來也讓自己獲得同樣的尊嚴，並避免陷入無禮的危險之中。

知識之路

✔機會：覺察 (awareness)

✖危險：愚昧 (ignorance)

知識之路始於學習的欲望，和聰明才智無關，而是好奇心使然。

地方法官了解這個案件的眞相之後，便利用眞相重新評估她原先的判斷。當然，她最初的判斷依據的是警察的意見、以及沃特跟她不愉快的第一次會面。

要走上知識之路，你得擁有開放的心胸與質疑每一件事的勇氣。大家總說，知識就是力量，這在靈性層次上再眞切不過了。因爲，知識讓你更具覺察力；缺乏知識將導致愚昧及靈性停止提升。

平等之路

✔ 機會：連結 (connection)

⊗ 危險：單調 (uniformity)

當我們踏上平等之路時，便會逐漸了解我們得攜手共同生活於此。

當沃特與地方法官一起返回辦公室處理那張罰單時，他已經不再是那位莽撞無禮的摩托車騎士，而她也不再是冷冰冰、毫不在意市井小民的官僚了。他們成了平等的人：兩位都互相認爲對方值得尊重。

進入平等之路，意味著看穿身分、地位及外表的差異，任何人和自己一樣都是人。

平等之路會帶來連結，讓我們意識到所有人都是一體的。危險則是單調，一旦純粹從幻象的角度看待平等時，便會發生。

諒解之路

✔ 機會：原諒 (forgiveness)

⊗ 危險：傲慢 (assumption)

諒解之路需要設身處地爲他人著想、欣賞他人觀點。

沃特和地方法官正是如此對待彼此。沃特可以不去為自己魯莽的行為道歉，但是當他突然間意識到自己的行為很惡劣時，他知道地方法官一定也是這麼看他的。

當地方法官看到車牌完全清楚、並沒被遮住時，便知道沃特為什麼會如此沮喪了。他們倆都因為了解彼此的立場而作出更友善的表現。

諒解之路擁有微妙的力量，我們可以從原諒這項機會中看出。當地方法官知道沃特遭受不公平對待時，便不難理解他在辦公室時的表現了，她也因此原諒了他的無禮。

當沃特把照片甩到地方法官的桌上時，他讓自己陷入了傲慢的危險之中，想要獲得理解，卻又不願意提供充分的資訊給對方。

正義之路

- 機會：公平 (fairness)
- 危險：不公正 (injustice)

正義之路需要你捫心自問：「這樣公平嗎？」

那名警察是否這麼問過自己？可能沒有。如果換成是她收到這樣一張子烏虛有的罰單，她絕對也會認為是不公平的。但由於深受幻象糾纏，這名女警讓自己沉浸在行使權力的快感中，而不是依據自己靈魂的意願而採取行動。

所有道路都是雙向的，正義之路也不例外。在雙向道路上，彼此都得具備施與受的能力。你對待他人愈公平，他人便愈會公平地回報你。同樣地，你對待他人愈不公正，他人愈無法公正回應你。

眞相之路

✔ 機會：誠正 (honesty)

✖ 危險：懷疑 (mistrust)

在眞相之路上，你的正直將接受考驗，獲得的機會絕對遠比危險値得。只要言行舉止坦蕩，你不僅能贏得其他人的信任，也能獲得靈魂世界的支持。

那名警察在意眞相嗎？當她堅持沃特的車牌被遮住時，她是否在說謊呢？這種事情是相當主觀的，但是如果她完全坦蕩，眞相難道看不出來嗎？難道她會沒辦法解釋清楚，只能不斷重複「牌照被遮住了」嗎？

眞相之路通往誠正。另一方面，謊言則帶來不信任，然後就是懷疑。

平和之路

✔ 機會：力量 (power)

✖ 危險：屈服 (submission)

我們經常忘了要將平和之路將心比心地用到其他人身上，只記得自己想要擁有。

當沃特隔著辦公桌面對地方法官時，當他蓄意要威嚇她時，他的行爲都極具侵略性。但是他得到他想要的了嗎?當然沒有。

地方法官有免於受威嚇的權利，與任何人一樣。面對沃特的無禮，她堅守法律規則，藉以保護自己。直到稍後沃特採取平和的途徑時，她才卸下自己的防衛，作出額外的努力幫助他。

平和就是力量。但是平和要靠我們努力爭取才能實現，否則，便無法獲得力量。其相對應的危險爲屈服，乍看之下像是平和，實際上卻是屈服與軟弱。

自由之路

✔ 機會：機會 (opportunity)

✖ 危險：魯莽 (recklessness)

自由之路是指在沒有其他人干預的情況下追隨自己的生命計畫。以沃特爲例，自由意味著駕乘摩托車時，不會當街被攔下來，毫無正當理由被開一張等同一天工薪的罰單。

走上自由之路即表示，一個人有充分的機會以自己的方式過自己想過的人生，前提是他的權力行使必須合乎理法。

如果沃特是因爲在住宅區以每小時九十英里行駛被攔下來，那他的自由就變成了不妥的行爲。畢竟住宅區的行人也有和機車騎士一樣的自由啊！

愛之路

✔機會：利他（altruism）

✖危險：殉難（martyrdom）

上述九條道路最終將會通往最後一條：愛之路。這代表的是，你不需要問自己是否具正義感、是否平等或是否公平，你只需問自己心中是否有愛。

愛之路會帶領你實現利他，即靈魂的最高理想。利他也可以說是無私，但不等同於自我犧牲。有時候我們會以爲殉難就是無私，其實不然；殉難之所發生，是因爲你忘了自己和地球上的每一個人一樣重要。

自私自利跑哪兒去了？

本書一開始，我闡述這趟靈魂之旅會如何帶領靈魂從自私自利邁向利他境界時，也問過：「那麼那原本的自私自利跑哪去了呢？」

答案是：它從不曾離開，而是利他行為平衡了自私自利的影響，你因而學會同等重視自身與他人的利益。

當你走上愛之路時，你將在自己的意識和靈魂之間建立起聯繫。

當沃特與自己的靈魂聯繫上時，不管是不小心、或是有意的，他已經打破了幻象造成的障礙。這也是這件事對他之所以意義重大的原因。

在地方法官的辦公室裡，沃特與心靈的自我完全連結。在那瞬間，幻象消失了，他敞開心胸接受靈魂的指引。因爲破除了幻象，他於是能夠選擇做對的事。

當我們討論當天發生的經過時，沃特再三強調那件事對他的意義有多麼多麼深遠。

「那是我一生當中最重要的時刻。」

他描述自己一輩子如何背負著怒氣過日子。「我如果因爲小問題收到罰單，像什麼每小時開七英里算超速，我就會氣到沒法子思考。這件事就像溺水時的最後一根稻草一樣，那是把我逼到忍耐極限的一張離譜罰單！我已經失去理智了。」

「但是，在那祕書的辦公桌旁有件事情發生了。突然間，我不在乎了，爲這種事情抓狂眞是笨得可以。所有的怒火……突然間，砰！不見了。我幾乎可以感覺到那股怒火離開我的身體。」

沃特強調的是，當他向地方法官及那位祕書道歉時，他並沒有任何期待。他認爲，她們的處理已經定案了。他的道歉是沒有條件的，從靈魂世界的觀點看，也深具意義。這意味著，他的歉意是發自靈魂深處的。

自從沃特與他的靈魂取得聯繫之後，他的生命徹底改變了。他不再爲一些雞毛蒜皮的小事生氣。

「那天之後，許多事都變得沒那麼要緊了。」他說：「離開那裡時，我下定決心要讓自己專注在重要的事情上。那天對我就像是一場考驗，結果我掌控並扭轉了情勢。」

另一場考驗在一星期後降臨。

「我騎著摩托車進入木材場，」他告訴我：「有個傢伙開著卡車從我面前呼嘯而過，要是以前的我早就氣炸了，不只會用髒話罵他，還會把它當成一件嚴重的事。這次我卻沒有生氣，整件事對我就像船過水無痕。

「就像說聲『嗨！』那樣自然，我對他比了比中指。我比了之後馬上後悔。我沒那麼當眞，只是把它當成開玩笑而已。」

「總之，那傢伙猛然打倒車擋，輪胎都冒煙了，飛快朝我駛來。我心想『喔，眞蠢。』但是心情既輕鬆又冷靜，沒有憤怒、沒有害怕。他倒退六十英尺，停在離我摩托車僅有幾英吋遠的地方，然後氣急敗壞地下車，一副好像要把我給宰了的模樣。」

「我對他笑笑，他愣了一下。我說：『嗨，老兄，我剛剛比中指只是開玩笑的。』我並不是故意要裝出一副友好的樣子，那完全出自內心深處的。」

「他茫然地看著我，然後回我一個笑說：『嗨，抱歉我剛剛開那麼快，我沒看到你在那兒。』」

「我覺得我的舉動讓他完全卸下了武裝，我不是做做樣子而已，我的笑完全出自眞誠。當他猛然倒車時，我只是笑笑，一點兒也不在意。其他事情也一樣，我現在知道什麼事重要、什麼事不值得一笑了。」

沃特打破了幻象，與自己的靈魂取得永久的聯繫。現在，輪到你了。

你是擁有靈魂的生物，因此，你的選擇幾乎是無限多的。現在，當我們來到心靈指南這趟旅程的終點時，你將面對最大的一個選擇：在接下來的日子裡，你是要繼續躲在幻象那種自我安慰的面紗後面，還是要大膽地努力走出黑暗、邁向光明呢？由你選擇。

如果你選擇跨出去，你的獲益將是無限大的，那就是「開悟」。

你要如何達到「開悟」呢？

只要沿著上述十條道路走即可。

我再次強調：你只要沿著上述十條道路走即可。

沃特發現了我的指導靈所說的「雲端裡的缺口」，它發生的既突然又很戲劇化，而且它的影響會歷久不衰。

你即將開始做的練習是用來幫助你創造自己的「雲端裡的缺口」，或更明確地說，幻象的缺口。它的發生，不見得是像沃特經歷的那種頓悟，但是結果會是一樣深刻玄妙的。

練習的第一步是進入冥想狀態，讓自己進入深層的放鬆狀態，再召請你的指導靈。

開悟之鑰

我的因果層指導靈曾經問一個發人深省的問題，我希望你也能好好想想：「如果學開車需要花一輩子的時間，你覺得如何？」

有人相信，開悟必須花好幾年的時間才能完成。然而，如果這是在你臨終之時完成的，對你有什麼用呢？

據我的指導靈表示，開悟完成的時間是由你決定的。開悟之鑰就是你想要擁有它的「渴望」。透過本書，你可以幾天就實現，而不是幾年。

說穿了，開悟就是知道你是誰、你為何而來，以及以愛待人，如此而已。

重複以下的請求：

「我在此召請我因果層及靈魂層的指導靈，以我的最高利益為主。

請求你們協助我打破幻象，以便和我的靈魂取得完全的聯繫。

請求你們讓肉體的我和心靈的我永久且堅定地連結在一起。

請求讓我洞悉我靈魂的目的，協助我依循我的生命計畫。

我承諾將永遠遵循那十條道路，活出我的靈魂想過的人生，以此作爲回報。」

結束時，謝謝你的指導靈，並告訴祂們：「問事結束。」

從今天開始，將這段請求融入你每天的冥想活動中。

從沃特的故事中你可以了解，開悟並不是什麼難以捉摸的概念。它具有實質上的影響，它影響著我們如何對待他人，由於這是相互作用的，因而也影響著他人如何對待我們。

遵循這十條道路，就像對陌生人微笑一樣簡單，你不也希望別人能這麼對你微笑嗎？試試看，你將發現別人也會這麼對待你。你每對別人微笑一次，可能不見得別人也都能同樣對你微笑，但是你獲得的微笑絕對比你從不去做時還多。

當然，那只是個簡單的比喻，實際上你能做得比這深刻許多。以眞誠之心待人，別人也會以眞誠之心待你；你花時間去了解一個人，這個人也會同樣花時間來了解你。

逐漸地，你周遭的人都會以你爲榜樣，也會遵循這十條道路。當他們也開始打破幻象時，你將發現自己和他們的關係如何提升到難以想像的境界。

你已經抵達心靈指南旅程的終點了（至少是這個階段的終點），你學會了如何辨識自己的靈魂年齡與類型、依循自己的使命與探究、了解自己的挑戰與恐懼、避免自己的渴望、取用自己的天賦、發展自己的力量，以及遵循正確的道路。

在第一個部分，你了解到自己是誰、以及爲什麼來到這裡，從而清楚了解自己生命的目的。

當你進入第二個部分時，你學會如何克服生命的障礙，以便自我賦能。

最後，第三個部分則帶領你來到一個可以讓你與你的靈魂同心協力創造更快樂、更能實現你理想未來的地方。

記住，生命是一場「需要你一起參與」的體驗。如果你想從中獲取最大收益，你便必須主動積極。

沒有人會把看電視當成是生命計畫的一部分。靈魂的本質是愛好社交的，他們要的是和趣味相投的靈魂交往，不是透過螢幕裡的影像去想像生命究竟是怎麼一回事。

你和你的靈魂是密不可分的，彼此更是共生關係。你們需要彼此，沒有了靈魂，你將是一個殘缺不全的人；沒有了你，你的靈魂也無法在肉身層體驗生命。

你的靈魂可以激勵你、鼓勵你，他可以把你推向正確的方向。當你活出他想過的人生時，他也會帶給你溫暖微妙的感覺。

但是他不能申請他想要的工作，他不能走到自己喜歡的人面前說想約他，他也不能拿起電話告訴某人他喜歡他。

那是你的任務。

一起努力吧，你才能眞正活出你的靈魂想過的人生。

而那正是擁有幸福的關鍵。

第十二章

幸福之門

活出你的靈魂想過的人生

將心靈指南融會貫通，讓你可以活出你的靈魂想過的人生：一種深具意義與知足的人生。

——作者的因果層指導靈

在怎樣的情況下，你才能說你活出了你的靈魂想過的人生？方法之一是問問自己：「我快樂嗎？」這聽起來很簡單，但是當你依循靈魂給你的方向時，你將會深刻感受到對生命的滿足。

另外，還有些事情會發生。當你對自己承諾要遵循你的生命計畫行動時，你將發現有許多美好的機會紛紛來到你面前。

當我開始和我的指導靈合作時，祂們會提供我一些協助，讓我可以創造我想要的人生。我決定住在一間船屋裡，因此，連續好幾個星期不斷請求祂們協助。祂們要我想像我想要的未來，把目標寫在日誌裡，一天提出請求數次，直到願望終於成真。

幾星期後，我不僅找到一間船屋，而且當我一看到它，立刻就認出了它的內部裝潢。那和我從二十幾歲開始就在腦海中想像的樣子一模一樣（除了每樣東西都是左右相反以外）。

幾年後，我遇到現任妻子麗莎。沒多久，我們和兩個小孩一起搬到了太平洋西北的一座小島（一切正如我的指導靈預言的那樣）。

搬到小島沒多久的某天中午，我請求我的指導靈給予我協助，我想要找一個可以讓我幫人們進行問事的辦公場所。祂們承諾提供我一切必要的幫忙。

靈媒是一份極需內省的工作。幸運地，我有一項嗜好能讓我完美地平衡自己的生活。我自十六歲起，便在樂隊裡彈吉他。我們搬家後，我找到了一支幫西雅圖歌手泰芮・德爾 (Teri Derr)[1] 伴奏的樂團。

就在我請求我的指導靈協助後的幾個小時，我準備前往泰芮家排練，她家離我住的地方約四十英里，算滿遠的。突然間，我的腦中閃過一個想法。離我們家不遠的地方，有一間很奇特的店，店名叫作「明格門」。我想，或許那會是一個適合進行問事的地方。我在向麗莎道別時，順道跟她提了一下我的想法。

她說：「我想那會是一個完美的場所，只可惜我們不知道有誰認識屋主。」

搭渡輪過河後，又在擁擠的交通車陣塞了兩個小時後，我抵達了泰芮的屋子。那是我們第二次一起排練，成員彼此都不甚熟稔。我們排練幾首歌之後，短暫休息了一下。泰芮轉身隨口問我說：「你住哪兒啊？」

我告訴她我住的地方。

她說：「眞的嗎？我最好的朋友有一家店面在那附近，叫作『明格門』，你知道嗎？」

在我回家之前，泰芮打了通電話給她那位好朋友依娃，向她提起我。隔天，我和依娃碰面。我告訴她，她正想要重新整修那家店面的中心部分，而且她很快會再經營另一種生意。

幾天後，我在那間店面的角落擺了一張桌子，一星期會花幾天的時間在那裡讓人

1 請參閱 http://www.teriderr.com/。

進行問事。沒多久，店面中央果眞改建。兩年後，依娃有機會買下一間老咖啡館，離原本的店約半英里路遠。她在咖啡館後方給了我一間辦公室，我就是在這裡寫這本書的。

彰顯你的天命

高壓脅迫

高壓脅迫是自由意志的敵人。它有不同的展現形式，比較極端的例子是奴役與徵兵，比較輕微的例子則為同儕壓力、強制藥物測試及廣告。它們的方式不同，但目的一致，都是想要減損你行使自由意志的能力。

這件事的重點是，當你開始和你的指導靈合作，並傾聽自己靈魂的意願時，大門將會自動開啓，機會也會自動找上門來。

在了解這一切之前，我心靈歲月一直有如一片荒漠，數十年來不斷納悶著，爲何災難總是一個接一個發生在我的身上。在指導靈的支持下，我才學會傾聽我的靈魂意願，並做出能夠支持靈魂目標的決定。

那時候，我並沒有可以形容這整個過程的一個名稱，但如今回首過往，我想它其實就是一趟心靈指南的旅程。

我眞的是起而行，讓自己脫離不滿、孤立的人生，並讓幸福與愛充滿其中。每天起床，我都清楚知道自己最終的天命，也知道什麼行動和決定對自己最有利。

我誠摯地期盼，遵循心靈指南對你的影響將會和對我的一樣深刻。爲此，我現在要將我從中學習到的一些重要想法和你分享。

爲了實現你自己的天命，行使你的自由意志（即做你自己）是不可或缺的。你必須以你的方式過你的人生，別受那些不在乎你利益的人影響。要這麼做並不容易。日常生活中，**再沒什麼比其他人的期待更容易影響你過自己想要的人生了**，眞的沒有。老師、朋友、政客，他們都說「知道」什麼對你最好。

父母可能是這群人當中最可怕的。**問題便出在，太多父母都認為自己的孩子和他們來到這世上的理由是一樣的**。

他們可能都是出自一番好意：「我們只是希望你快樂。」但是，他們認爲會讓你快樂的事，多半是從他們的人生角度觀之，並不是從你的人生角度爲出發點。

沒有其他人像父母有這麼大的能力來影響你，他們對你的控制可能是微妙的，也可能是顯而易見的，他們或許不是故意的，卻會影響你一輩子。

一切皆源自於孩童時期，可能只是從給不給獎勵開始。或許只是一個看似不重要的微笑，也有可能是透過這樣的陳述：「你爲什麼不能多向你哥哥學習？」或「好女孩不會那樣做的。」

父母的影響也可能是更高壓的形式。當你還是個孩子時，接受大人的教導是最基本的事。但是，當父母開始干預你該選擇什麼職業生涯、哪個伴侶時，他們就不能說是在爲你的最高利益著想了。

「我不准我的兒子成為藝術家」

米開朗基羅可說是史上最偉大的藝術家，他便深知父母的反對是怎麼一回事。他父親曾經痛打他一頓，想要迫使他從事一份更高貴的職業。

這是你的人生，你要依據自己的生命計畫去過，如果你和佩琪或賴瑞結婚是因爲爸媽喜歡的緣故，沒關係，只要你自己也喜歡就好。但如果你是依據爸媽、而不是你自己的希望，而做出人生重要的抉擇，那們當你的父母離開之後，你也許就會後悔所做的這些決定了。

心靈指南的力量在於，它會讓你清楚自己是誰和爲什麼來到這裡，能幫助你做出較好的抉擇。你是否該符合父母的夢想選擇讀醫學院？或者你應該追隨自己一直以來的夢想去上藝術學院？如果你知道自己屬於創造者類型，且擁有藝術天賦，那麼做決定便簡單多了。

如果你做了錯誤的決定，該怎麼辦？那就把它當成學習吧，它會幫助你下次做出更好的決定。別忘了，因爲自己做了錯誤的決定而把事情搞砸了是一回事，讓其他人幫你做決定而搞砸了可是大不相同的事。

誠如我先前所言：擁有靈魂能讓你做出無限多的選擇。如同許多技巧一樣，做選擇也是可以透過練習而日益精進的。換言之，你做過愈多選擇，這事就會變得愈容易。

心靈行動

醫生酗酒及自殺的比例之所以這麼高的原因之一是，很多人從醫並不是他們的靈魂為他們規劃的生命計畫。不幸的是，聰明的孩子經常會被野心勃勃的父母與師長勸服，加入醫療專業領域。只要這也是孩子自己生命計畫的一環，那就沒關係。但如果不是，結果就是害他們陷入長年悲慘的生活之中。

當一個人的生命計畫因為這類原因脫離正軌時，輕則心生不滿、重則會引發嚴重的憂鬱。對於我們多數人而言，從事一份不適合自己的工作帶來的負面影響，或許不致於導致自殺，但仍會令我們內心深處感到不快樂。

降低傷害的方法之一，就是執行心靈行動。幫助那些過得比自己更不幸的人，就是一種心靈行動。所以說，參與慈善工作能給予你生活目標。

我要在這裡特別提出一個迷思，一種可能讓人完全失去力量的信念：某種程度上來說，每件事的發生都是命中注定的。

當初開始探索靈性這項議題時，我曾經讀過一些東西，大意是：無論你在哪裡，無論你正在做什麼，一切完全是注定好的。

如果你此時正坐在海邊百萬豪宅的浴缸裡，和自己心愛的人啜飲著雞尾酒，那麼這個說法是很令人欣慰的。但試著對那些正在黑牢裡遭受酷刑的人、或那些曾經在槍口下被凌虐的人這麼說說看。

實際的狀況是，**壞事隨時都在發生，而這種事並不屬於任何人生命計畫的一環。**

或許你曾經因爲踩到香蕉皮而滑倒受傷。潔西卡就遇到過這種事，不幸的是，香蕉皮是她自己丟在車裡的。當她彎腰要把香蕉皮撿起來時，腳不小心踩滑了，踏到油門，車子往前暴衝，撞到一盞路燈，不僅車子撞爛了，路燈也毀了，她還得支付地方政府八千美元的賠償金。

這是在她的生命計畫內嗎？這件事有任何意義嗎？不，那純粹是個意外事故（無可否認，還是個相當離奇的意外事故）。

對於所謂「注定說」最嚴重的誤解之一，便是認爲殘障者是因爲前世做了什麼壞事，這輩子才會遭受這樣的懲罰。這絕對不是「注定」的事。

上天的懲罰並不存在。**為了體驗殘障的感受，你的靈魂可能會選擇於某一次轉世時，讓自己的肢體受限於輪椅上**。我們能夠從這類生命中學習到重大的課題，因此，在進化過程中的某個時間點，我們的靈魂都會選擇這類的經歷。但絕對沒有人是因爲上輩子做了壞事而受罰，這輩子必須坐輪椅的。

選擇殘障的人生

選擇天生身體殘疾的靈魂，通常在出生之前便已經做了這個選擇，這是他們生命計畫的一環。

至於因為發生意外事故而變成殘障的人，比較可能就是遭逢意外，如此而已。

無論殘障的原因為何，你的靈魂會盡最大的力量，幫你適應或克服殘障的影響。

如果你正困在一段受虐的關係裡，「注定」的說法就挺令人沮喪的。相信這個迷思的人認爲，生命是照著劇本走的，無論做什麼事都無法改變它。

你擁有一個清楚的天命：一個由經驗與關係形成、會影響你未來的複雜網絡。然而，**你的生命計畫隨時都允許自由意志的運作，沒有哪一件事是刻在石頭上無法改變的，**你的未來完全掌握在你自己的手上。

這聽起來或許挺嚇人的。但是把未來的決定權從你自己手中拿走，交給一個難以預料的神，會比較令你感到欣慰自在嗎？

正是因爲害怕爲自己的命運負責，才會讓那些很開心告訴你該做什麼的人有機可乘。如果你不願意替自己的未來負責，你最後也會失去你的自主權及命運。

承擔起自己的生命責任，你才會擁有最大的機會活出你的靈魂想過的人生。只要你選擇勇敢承擔，你的指導靈給予的支持將自另一個世界源源不斷注入。

你不是大環境的受害者，你也不是因爲前世種種而來受懲罰的。你要從這裡走向何處，完全取決於你。你對自己的命運有最終的掌控權，除了你，沒有人能幫你的靈魂實現他希望實現的生命。同時，你也不孤單，整個宇宙的力量都在你背後挺你。

在大海航行的船隻需要羅盤及精準的地圖，才能抵達它想前往的目的地。至於你，你需要的是你的生命計畫，以及追隨生命計畫的能力。

別忘了，你的生命計畫就在那裡，等著指引你到你及你的靈魂想去的地方，它不會強迫你走向不容變更的道路，罔顧你遭遇的困境；如果船隻前面突然出現一座冰山，難道船長會固執地拒絕修正航線？當然不，他肯定會想辦法避開冰山。

身為自己人生的船長，你也要學習這麼做。障礙與困難無所不在，這就是生命的本質。藉由自由意志的施展，你才能學會如何克服它們。

爲什麼你不會再是原來的你？

完成心靈指南旅程之後，你現在對於「我是誰？」、「我這一生爲何而來？」這些大哉問，應該了然於胸了吧？

我是誰？你是獨一無二、擁有獨特人格的靈魂，而你的靈魂年齡與類型則形塑了你對生命的觀點；我這一生爲何而來？你來到這裡，是爲了遵循你的靈魂在你出生之前幫你規劃好的生命計畫。

就這樣嗎？這就是你要的嗎？

答案「是」，也「不是」。

你可以放下本書，永遠離開心靈指南。你也可以在需要的時候，把它拿出來運用。你或許會在遇到難關時參考它，或在你遇到新朋友、想要了解這個人時，翻翻有關靈魂類型的那個章節。

一切都是由你決定。而且，我要不厭其煩地重申，擁有靈魂是一種恩賜。

但是現在，你還有另一項選擇。你有機會讓自己提升至更高的層次，方法是：體現這套心靈指南的所有課題。

「每一個人都必須決定自己是要迎向利他主義創造的光明，或走向利己主義的毀滅性黑暗。」

——金恩博士（美國黑人民權運動領袖）

探究不同的靈魂年齡之後，你已了解我們之所以會從迥異的角度看待這個世界，是因為我們的經驗差很大。下次遇到某人意見與你相左而想反駁時，如果能記住這一點，你就會聽你的靈魂告訴你如何行動。

書中其他的部分也是一樣。當你生氣有人空口說白話、或是遇到總想掌控大局的人時，提醒自己：我們都擁有不同的靈魂類型，每一次輪迴轉世也都有特定的使命與探究。在你因爲某人缺乏自信或冥頑不靈而看輕他時，別忘了，你自己所面對的挑戰以及前世的恐懼，也對你產生了深刻的影響呢。

渴望與天賦也一樣。在你批評某人汲汲追求一個錯誤的目標時，回頭看看自己的人生，問問自己，是不是每件事都達到完美的平衡了。當你遇到那些某些能力不如你的人時，別忘了他們也有你沒有的天賦。

接受別人的全部，包括他們性格上的缺點與特性，就是心靈成熟的象徵。

每個人都一樣，你來到這裡是爲了活出你的靈魂想過的人生。而這正是開悟的關鍵。讓你的生命與你靈魂的計畫和諧一致，你在肉身層的旅程才能以適合你的方式展開，你也才能獲得眞正的滿足。

這套心靈指南可以改變你的生命。就許多方面而言，它其實已經這麼做了。光是閱讀本書，遵循每章最後那些簡單的練習，已經改變了你的意識，幫助你打破了幻象，讓肉身層的你和靈魂世界的你合而爲一。

這套心靈指南是你航向未來的指導手冊。你要在它的指引下走多遠，全由你決定。

我期盼，你的航程會獲得最大的幸福與成功。

國家圖書館出版品預行編目資料

這一生為何而來：靈界導師的10門課 / 安士利.麥克勞 (Ainslie MacLeod) 作；
黃貝玲譯.—— 二版. —— [新北市]；李茲文化, 2014. 10
面；公分

譯自：The instruction: living the life your soul intended

ISBN 978-986-90086-6-2（平裝）

1. 心靈學 2. 通靈術 3. 靈魂

175.9 103017392

這一生為何而來：靈界導師的10門課（暢銷慶祝版）

作　　者：安士利．麥克勞 (Ainslie MacLeod)
譯　　者：黃貝玲　　責任編輯：陳玉娥
主　　編：陳家仁、莊碧娟　　總 編 輯：吳玟琪

出　　版：李茲文化有限公司
電　　話：+(886) 2 82189975
傳　　真：+(886) 2 82180043
E-Mail: contact@leeds-global.com.tw
郵寄地址：23199 新店郵局第 9-53 號信箱
P. O. Box 9-53 Sindian, Taipei County 23199 Taiwan (R. O. C.)

定　　價：320 元
出版日期：2010 年 3 月 5 日 初版
2024 年 8 月 23 日 二版十一刷

總 經 銷：創智文化有限公司
地　　址：新北市土城區忠承路 89 號 6 樓
電　　話：(02) 2268-3489
傳　　真：(02) 2269-6560
網　　站：www.booknews.com.tw

Change & Transform

想改變世界・先改變自己

Change & Transform

想改變世界・先改變自己